金苑文库、浙江金融职业学院中国特色高水平高职学校建设系列成果

外语教学与文化教学协同发展研究

贾文捷　著

九州出版社
JIUZHOUPRESS

图书在版编目（CIP）数据

外语教学与文化教学协同发展研究 / 贾文捷著 . --
北京：九州出版社，2024.5

ISBN 978-7-5225-2945-5

Ⅰ．①外… Ⅱ．①贾… Ⅲ．①外语教学－教学研究
Ⅳ．① H09

中国国家版本馆 CIP 数据核字（2024）第 103542 号

外语教学与文化教学协同发展研究

作　　者	贾文捷　著
责任编辑	云岩涛
出版发行	九州出版社
地　　址	北京市西城区阜外大街甲 35 号（100037）
发行电话	(010)68992190/3/5/6
网　　址	www.jiuzhoupress.com
印　　刷	河北万卷印刷有限公司
开　　本	710 毫米 ×1000 毫米　　16 开
印　　张	14.5
字　　数	206 千字
版　　次	2024 年 5 月第 1 版
印　　次	2024 年 5 月第 1 次印刷
书　　号	ISBN 978-7-5225-2945-5
定　　价	88.00 元

前　言

　　在经济全球化和文化多元化时代背景下，世界各国人民的交流沟通日益频繁，文化的多元性特征更为显著。由于地理条件、社会历史、价值观念存在差异，世界各国人民形成了各自的文化。文化是语言的环境，语言是文化的载体，世界各国人民以语言为沟通桥梁，通过各自的语言表达情感、交换信息、传递思想观念。

　　数字通信技术和多媒体计算机技术的迅速普及与发展，引领外语教学从传统教育模式走向新的教育模式，开拓外语教学与文化教学协同发展。外语教学必须打破学科的桎梏，从传统意义的只传授语言知识拓展到文化传播，将教学目的转化为培养学生的文化交际能力，满足文化传播的需求。语言与文化紧密相连，因此以外语教学、语言文化学、跨文化交际学和教育学等基本理论为指导，以外语教学中语言、文化、交际的相互作用和关系等为对象，研究外语教学中的文化教学，是非常必要和重要的。伴随社会大众文化水平的不断提高，外语教学与文化教学协同发展已成为必然趋势，外语教学进入文化融合发展新阶段。

　　本书以外语教学与文化教学协同发展为主要研究内容，一共分为七章。第一章对外语教学的相关概念进行界定；第二章对外语教学中的多维素质能力培养进行了基础性阐述，提出外语教学必须培养情感态度、文化意识和交际能力；第三章论述了语言、文化与外语教学三者之间的关系；第四章对外语教学与文化教学融合进行了理论阐述；第五章以外语教学与文化教学融合应用为切入点，深入分析解读了认知建构主义理论在跨文化教学中的应用；第六章主要论述跨文化交际背景下外语教学模式的改革；第七章对跨文化交际背景下外语教学的实践应用进行了深入研究。

因时间和精力有限，书中难免有不足之处，恳请广大读者和专家学者予以批评与斧正。

目 录

第一章 外语教学概述

第一节 外语教学的概念界定

一、母语与外语的概念

（一）母 语

母语，即一个人的本民族语言，一般情况下是一个人最初学会的那种语言。母语既可以是本民族的标准语言，也可以是当地的一种方言。下面依照习得顺序、民族归属、使用频率三大维度，对"母语"一词做出更为恰当的概念界定。

1. 习得顺序

依照习得顺序定义母语是一种在学术界广受认可的定义方式。早在1951年联合国教科文组织于巴黎召开的母语会议上，从儿童语言习得的视角，为"母语"一词做出了定义。人在幼儿时期，通过与拥有同一种语言的其他社会成员接触，自然而然掌握的用于表达思维并进行交流的工具，被称为第一语言，亦可称为母语。

2. 民族归属

在我国，大量学者认可通过民族归属界定母语概念，正如《中国大百科全书·语言文字卷》所阐释的："第一语言也称母语。在大多数情况下，第一语言就是一个人所属民族的民族语言，所以也称本族语。"[①] 诸如此类以本民族语言或者本民族某一方言为标准进行界定的方式，广受学术专业研究人员的认可。

3. 使用频率

从语言的功能性角度划分，根据一个人的语言使用能力高低以及使用某一语言频率高低划分母语和非母语。这一定义方式往往适用于多语言国家，以加拿大为例，掌握两种以上语言的儿童，将其使用频率较高的语言视作母语。

（二）外 语

外语，指外国语，即非本国人使用的语言（包括文字），与母语相对应。中文是中国的语言文字，是中国人的母语，除中文外，其他国家的语言都可以称为外语。经统计，截至 2020 年，中国学习外语的人数已逾四亿，这些人不仅学习英语，还学习日语、俄语、法语、德语等各类语言。由于本书主要以英语教学为研究对象，对其教学理念、教学内容、教学方式以及文化对比等方面进行深入分析与研究，所以本书所说的外语主要指英语。

二、教学的概念

现代学术界普遍认为，教学本质是教师的教与学生的学相统一的共同活动。教学就是教师一般采取教授、指导、示范等师生互动方式，学生在教师有目的、有针对性的指导下，掌握科学文化知识与相关技能、

---

① 国家语言文字政策研究中心.语言政策研究热点（2015）[M].上海：上海辞书出版社，2017：190.

发展综合能力、提升思想品德的教育活动。

即便学者对于教学的定义有着普遍的认可，但是不同学者仍然对此有各自的独特见解，如表 1-1 所示。

表1-1 教学的定义

人 物	观 点	详 述	关键点
弗莱雷	教学即对话	对话的核心是认识过程的社会性特征，以参与认知的所有主体的真正投入为据，是共同探究的过程	教学经由"对话"完成师生共同探究过程
达克沃斯	教学即研究	教学就是学生在教师和同伴的帮助下建构知识的过程	1.教师能否创设情境并引导学生进入即将学习和探究的现象中 2.教师是否善于倾听学习者解释，同时能否引导学习者之间进行相互解释
韩愈	教学即知识教授或道理的传授	教学是通过符号或象征向某人展示某事物或某些道理	1.教学是向某人演示如何做某事 2.教学是就某一问题授课
史密斯	教学即成功	学包含于教，教必须保证学	学生学习教师所教的东西应有所成效
胡森	教学是有意识的活动	教学就是教师有意识地在特定环境中想方设法使学生学会某事	1.教学的意识性体现在它的目的是激发学习 2.教师的教学行为或活动受问题情境与教师的信念影响

三、外语教学概念

外语教学是语言教学的重要组成部分，是在"教学原则指导下解决问题的职业活动"[①]。外语教学就是指学习者在本族语境下或者目的语语境下进行非本族语语言教学的活动。

外语教学是外语教育，是一门教育领域的科学。外语教学既是普通

[①] 姜瑾.语言·社会·生态：社会语言学动态应用研究 [M].南京：东南大学出版社，2006：242.

教育学的学科化，又是一种概括性的多语种教学法，更是一门兼具理论与应用的社会科学，包含以下四个交叉层面的内容。

（一）理论层面

外语教学原理，亦可称为外语教学思想，指的是根据教育学、哲学、语言学、心理学等多种理论，推演出外语教学的相关理论，以及外语教学的相关路径指导。理论层面即从哲学层面进行的关于外语教学的见解探讨。

学者们在将外语教学的原理、外语学习的相关理论、语言的本质进行深入探索后，会进一步探寻将外语教学原理与社会需求结合的最佳途径，两者之间的连接路径称为外语教学法。

为达到一定的教学目的，将外语教学法和教学目的、教学内容、教学方法、教学手段相统筹，构建出的外语教学法的具体框架，即外语教学法体系。

（二）操作层面

操作层面的外语教学可以称为外语教学方法，主要涵盖外语教学的操作模式和外语教学方式方法两个部分。

外语教学首先基于教学模式这一框架，教学模式既是理论的具体化，又是具体方式方法的概括化。外语教学模式旨在实现一定的教学观点或者达成一定的教学目的而固定组合几种具体的教学方法。即便是基于相同的教学观点，也会因为选用的路径有所不同而产生多种教学模式。

具体的外语教学方法通常与社会结构紧密相关，教师在选用具体的外语教学方法时往往关注教学思想的要求，因此即便是教师创新或者应用某种教学方法也必须基于一定的教学理论。以讲演法为例，因为尚未有相关的理论依据，所以讲演法通常不用于外语教学。

教学方式是教学活动的最基本单位，往往用于解决教学活动中的具体问题。一种具体的外语教学方法可能涵盖多种教学方式，以解决外语教学活动中的具体问题。以问答法为例，问答法是一种具体的外语教学方法，问答法中包含提问方式和答问方式两种方式。这就是实践中经常见到的两种或者两种以上的教学方式共同构成一种具体的教学方法。再如，外语教学活动中常用的听说教学法，也是一种具体的外语教学方法，听说教学法由听音和会意两种外语教学方式构成。

外语教师将环境、教师、学生、教材等多种因素灵活组合，采用适合的具体的教学方法。在教学活动效果明显时，将会表现出教师的个人教学风格与教学特点，教师个人的素质优势将较大程度地得到发挥，这时就凸显了该教师的教学艺术。

（三）组织层面

组织层面则是指外语教学活动的组织结构即外语教学活动形式。通常情况下，外语教学活动的主要形式为教室课堂教学，但是随着互联网的飞速发展，新媒体的影响力逐渐蔓延至生活的方方面面，因此，第二课堂也是外语教学不可忽视的活动形式之一。当然，外语教学活动种类繁多，常见的外语教学活动包括集体活动、个人活动、家庭教学活动、电视教学活动等。

（四）教学手段层面

教学手段层面主要是指为实现外语教学目标，在合理的时间选用合理的教学工具。常见的教学工具包括教科书、教具、教学设备等，在某种程度上，甚至可以说教师也是一种特殊的教学工具。之所以将教师纳入教学工具的范畴，主要是因为在教学过程中教师采用种种教学手段，为学生营造一个"语言环境"，帮助学生在该环境中顺利消除语言障碍，参与外语教学活动。

第二节　外语教学溯源

至今可考证的外语教学，最早可以追溯到古罗马时期，伴随着希腊文明如明珠般绽放于地中海沿岸，希腊语的教学在这一时期大放异彩。中世纪欧洲各国流行拉丁语教学，以讲授语法和修辞训练为主。文艺复兴时期，以捷克教育家夸美纽斯（Comenius）为代表的教育学学者强调开设希腊语、拉丁语等语言的专门课程，一方面学习外语便于民族之间交往与交流学习，另一方面外语作为语言工具也会为复兴古典文化提供支持。17 世纪和 18 世纪，西欧的外语教学仍以古希腊语和拉丁语等古典语言为主，19 世纪之后，西欧的外语教学则转为英语、西班牙语、德语、法语等现代外语，这一转变与资本主义扩张紧密相连。

一、国外外语教学发展历程

（一）19 世纪国外外语教学发展历程

1.19 世纪初期至 19 世纪 70 年代国外外语教学发展历程

（1）语法翻译法在外语教学中的应用。欧洲 18 世纪在实施个别教学的过程中，用于语言教学的方法主要是通过学习、运用语言和语法知识，要求学生掌握记忆、翻译并且背诵单词的能力以及书面写作的能力，此种外语教学的方法就是语法翻译法，该方法又被称为古典法。

语法翻译法起源于 18 世纪末期的普鲁士，于 19 世纪中期鼎盛时引入英国。英国当时由大学控制公共考试，因此考试强调书面语言的精准性、强调语法的正确使用，负责辅导培训的教师不可避免地依照考试的范围，来选择语言教学内容、划分教学的重点和难点，并选用语法翻译的教学方法。

语法翻译法的突出特点就是强调语法结构，教师和学生都认可通过学习语法和翻译可以迅速帮助学生掌握一门外语。应用语法翻译法的教师出于更加清楚明了地讲授语法规则这一目的，往往会采用将某个语法知识点单独讲授的方式，导致语法或某个句子孤立于整篇文章。

即便语法翻译法自诞生之初便面临种种谴责，无论是抨击语法翻译法重视语法轻口语表达，还是认为孤立语法或者孤立句子的学习丧失了文章的整体性，或者认为语法翻译法是对外语学习综合能力的割裂，不可否认的是，语法翻译法在几百年的外语教学改革发展历史进程中仍旧占据一席之地，并在测验和课堂教学两个方面更适宜教学实践的开展。首先，从测验角度看，以测试语法规则为基础的试题，编制较为方便，通常采用客观评分作为主要评分方式，因此无论是中国还是国外，一些重要的外语测试仍会保留语法考核内容。其次，相较于母语使用者，外语教师往往外语的口语水平相对较弱，应用外语进行教学活动较为困难，为教师备课造成较大压力与负担，因此许多教师仍会将语法翻译法应用于外语教学活动中。

（2）外语教学领域的显著变化。19世纪初期至19世纪70年代，外语教学领域逐渐产生三方面的变化，如图1-1所示。

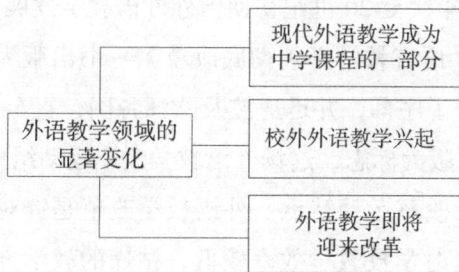

图1-1　外语教学领域的显著变化

①现代外语教学成为中学课程的一部分。班级授课制改革后，19世纪中后期现代正规的中小学教育制度建立，学科结构也在这一阶段发生调整，现代外语教学走入中学，成为中学课程的一部分。

自20世纪初以来，资本主义的兴起与扩张蔓延至教育领域，现代语言教学逐步代替古典语言教学，成为大部分中小学的核心课程。

②校外外语教学兴起。哥伦布发现新大陆后世界逐渐成为一个整体。1825 年，英国建成世界上第一条铁路并且正式通车。在此之后，汽车、飞机等交通工具不断缩短地区之间的距离，互联网的诞生更是加强了各地区之间的交流与合作。伴随跨地区、跨国界的交往、贸易逐渐增多，外语的重要性也日益凸显。

外语的重要性对于国际交往而言不言而喻，为满足成年人或未成年人学习外语的现实需求，校外外语教学开始兴起，外语学习市场初具规模，并且这个市场呈现出不断扩大的趋势。1878 年，美国罗得岛州建成第一所专业语言学校，随后语言学校迅速发展至全世界。

③外语教学即将迎来改革。早在语法翻译法盛行的年代，外语教学改革的声音便不绝于耳。一方面，越来越多的教育家就语法翻译法的弊端提出批评；另一方面，外语教学的新思想不断涌现。

由于当时改革思想仅在学术界小范围引起波澜，未能进行教学实践，也并未真正引起改革狂潮，直至 19 世纪 80 年代外语教学改革才进入实质性阶段。

2. 19 世纪 80 年代至 20 世纪初期国外外语教学发展历程

1882 年，以《语言教学必须彻底改革》一书出版为标志，一场外语教学改革运动拉开了序幕，并迅速波及欧洲各国，直至 1904 年，以《怎样教外语》一书出版为标志，这场外语教学改革运动结束。

（1）外语教学改革运动特点。外语教学改革是针对当时盛行的语法翻译法而言的，当时学校教学效率较低，枯燥的教学方式造成学生身心负担过重以及丧失学习外语兴趣的严重后果。在这样的背景下，外语教学改革运动开始了。外语教学改革运动主要有语言学家和外语教师共同参加运动以及外语教学改革运动影响深远两大特点。

①语言学家和外语教师共同参加外语教学改革运动。这场外语教学改革运动除了包括德国的菲埃托（Wilhelm Vietor）、法国的帕西（Paul Passy）、丹麦的叶斯柏森（Otto Jespersen）和英国的斯威特（Henry

Sweet）等当时赫赫有名的四位语言学家之外，还有许多其他非常著名的语言学家参与其中。

在这场轰轰烈烈的外语教学改革运动之前，虽然也有学者对语法翻译法提出疑问，但是因为缺乏教学实践验证并未真正掀起改革狂潮。1887年春，一位任教于西里西亚的高级中学教师科林哈特（Hermann Klinghardt）尝试外语教学改革实践。

科林哈特在外语教学改革实践第一学期，主要开展语音以及阅读和语法的外语教学活动。这一学期的前两周中，科林哈特尝试开展语音教学，在学生对语音知识有所掌握后开始课文教学。与传统的课文教学只强调语法，对长难句加以分析不同的是，科林哈特非常重视口语输出练习，他要求学生反复聆听，并要求学生朗读课文。学生听、读课文过关之后，科林哈特才开始整篇文章的翻译，并在语法的学习中采用了引导法和归纳法，最终学生实现了语言的灵活运用。

科林哈特在外语教学改革实践第二学期，主要开展以写作为主的外语教学活动。科林哈特指导学生抄写问题后，以书面的形式回答问题，最后要求学生以书面形式复述课文。

科林哈特在外语教学改革实验结束后，经过测评发现：参加实验的学生，不仅在语法能力方面与接受传统语法翻译法教学的效果相同，而且，令人惊喜的是学生的听说能力在教学过程中得到了快速提升，结束试验后，被试学生在口语方面凸显出较大的自信心。

虽然科林哈特的外语教学改革仍存在一定缺陷，但是就当时的教学环境而看，科林哈特的外语教学改革是一场伟大的、创新性的教学实践，标志着外语教学改革向传统的语法翻译法发起了挑战。

②外语教学改革运动影响深远。外语教学改革运动在《语言教学必须彻底改革》一书出版之后正式兴起，紧接着这场改革迅速以德国为中心，波及英国、法国、意大利等欧洲国家。这场改革不仅传播迅速，而且影响范围逐渐扩大。

（2）外语教学改革运动原则。

①强调口语。传统的语法翻译法忽视口语教学，菲埃托在《语言教学必须彻底改革》一书中对原本重语法、轻口语的外语教学方式展开了抨击，提出外语教学必须将语音作为第一步。为了避免因为教师口语能力不足影响口语教学的顺利开展，他在书中提出，必须首先对教师进行适当的语音训练，通过语音训练改变教师的口语能力，从而引导教师在课堂上开展口语教学。

虽然开展口语教学是外语语言教学的必要一环，但是因为大部分教师习惯沿用语法翻译法，也没有官方统一的文件对课堂教学方法做出规定与指导，因此大部分教师还是选择沿用过去的语法翻译法开展教学活动。除此之外，教师发音不准、语音与字母混淆的状况也是屡见不鲜，阻碍了教师在课堂上开展口语教学。

②倡导学习连贯的课文。从 17 世纪末期开始，官能心理学开始发展起来，并对外语教学产生了极大的影响。官能心理学认为，恰当应用各种材料，训练各种官能（感觉、记忆、思维、想象等），形成一种独特的能力，这种能力可以应用于各种情景，促进完成其他的学习任务。

在此基础之上形成的形式训练主义教学思维认为，严格、繁杂、规律的训练可以提高一个人的智力与学习能力。语法翻译法关注语言的繁杂规则就是依照形式训练主义教学思维发展而来的。为了起到训练的效果，教师经常教授一些繁杂但是毫无意义的句子。例如，"棕色的牛坐在树上吱吱叫。"① 这个句子毫无意义，甚至荒谬至极。应用这个句子仅仅是因为它较为复杂可以起到训练效果，但是丝毫没有使用价值。

19 世纪盛行的联想心理学为打破这一尴尬局面，提出了新的方向。联想心理学强调联想的作用，强调观念融合后生成复合观念，从而集结成较为复杂的观念。联想心理学反对孤立的单词、句子、语法学习，倡导学习连贯的整篇课文，形成词与词之间的联系、句与句之间的联系、

① 章兼中.国外外语教学法主要流派 [M].上海：华东师范大学出版社，1983：11.

篇与篇之间的联系，提升教学效果。

正如科林哈特的外语教学改革试验应用连贯的课文学习外语、应用归纳的方法开启语法教学，这两种外语教学的方式，时至今日仍然在外语教学中发挥着重要的作用。

③课堂上开展直接法教学。与过去有所不同的是，直接法教学这一方式强调外语才是课堂之上的主要用语，除解释生词意义与解释语法规则之外，教师都使用外语与学生进行交流，为学生营造一个外语学习的环境。

（二）20世纪国外外语教学发展历程

1. 20世纪初至20世纪30年代国外外语教学发展历程

20世纪初，外语教学改革运动基本结束，20世纪初至20世纪30年代国外外语教学主要应用折中法、情景教学法两种教学法。

（1）折中法。虽然直接法教学在理论上得到各位学者的普遍认可，但是在实践推行过程中困难重重，未达到预期效果。外语教学界将直接法与语法翻译法相结合来使用，人们称之为折中法。

折中法是直接法与语法翻译法的结合，即在语言项目呈现阶段和练习阶段都采用直接法，而运用语法翻译法对外语语法进行总结。在外语教学中逐渐减少使用母语，在学生达到比较高的外语水平时再彻底停止使用母语。

（2）情景教学法。情景教学法强调尽可能为学生打造一个完整、协调的情景。真实有趣的情景可以激发学生的学习动机，因此情景教学法在组织、编排教学方面有明确而清晰的思路，该教学法常常采用句型替换的方式帮助学生举一反三。

2. 20世纪40年代国外外语教学发展历程

20世纪40年代，外语教学有了新的发展变化。外语教学研究中心从欧洲转向美国，美国在1941—1943年采取应急外语教学法是造成这一转变的重要原因之一，美国的应急外语教学法主要特征如图 1-2 所示。

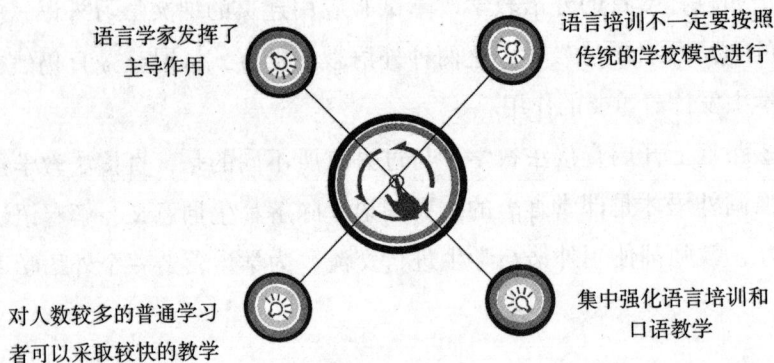

语言学家发挥了
主导作用

语言培训不一定要按照
传统的学校模式进行

对人数较多的普通学习
者可以采取较快的教学

集中强化语言培训和
口语教学

图 1-2 美国的应急外语教学法主要特征

第二次世界大战之前，美国的外语教学远远落后于欧洲外语教学。20 世纪 40 年代初期，美国结构主义语言学家对美国的外语教学进行改革。第二次世界大战期间，美国出于军事需要采取应急外语教学法开展外语教学。美国外语教学的一系列转变为其他国家的外语教学提供了新的参考视角。

3. 20 世纪 50 年代国外外语教学发展历程

20 世纪 50 年代国外外语教学主要流行两大教学法，即听说法和视听法。

（1）听说法。第二次世界大战结束后，美国继续对在二战期间应用的应急外语教学法进行深入研究，丰富其理论基础。到 20 世纪 50 年代，结构主义语言学和行为主义心理学与应急外语教学法融合，成为听说法的理论基础。

结构主义语言学家对不同的语言进行了科学的描述性分析，把语言分解成语音、词汇和语法，并且把语言技能分解成听、说、读、写。外语教学法专家把结构主义语言学家对语言的研究成果运用到外语教学上，提出外语教学可以通过句型操练来加强听说能力的主张。

行为主义心理学家提出的主要观点是通过刺激、反应、强化一系列行为训练形成语言习惯，这一观点与外语教学中的句型操练相结合，成为这个教学法的核心内容之一。

但是，无论是反复的行为训练还是反复对学生的错误加以纠正，都会挫伤学生学习的自信心，影响学生的学习兴趣，从而会对学生参与外语教学活动的积极性产生负面效应。结构主义语言学忽视语言的社会交际作用，仅研究语言本身的问题，将语言的自身结构问题与社会交际作用相互割裂。外语教学的目的是用于社会交际，但是听说法未将交际双方的关系、情景、话题、交际目的等纳入教学范畴，因而听说法难以培养学生的交际能力。

（2）视听法。20世纪50年代以来流行的外语教学法是视听法，它主要通过情境构建，刺激学生视觉和听觉的感官体验，教授学生有意义的教学内容，突出语言与社会的联系，将语言置于社会环境之中，便于学生在完成教学活动之后自主应用。视听法主要有如图1-3所示的四个步骤。

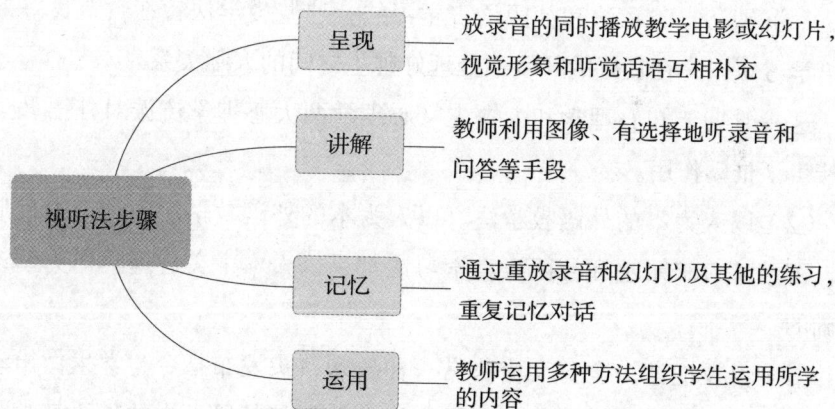

视听法步骤	呈现	放录音的同时播放教学电影或幻灯片，视觉形象和听觉话语互相补充
讲解	教师利用图像、有选择地听录音和问答等手段
记忆	通过重放录音和幻灯以及其他的练习，重复记忆对话
运用	教师运用多种方法组织学生运用所学的内容

图1-3 视听法的四个步骤

4. 20世纪60年代至20世纪70年代国外外语教学发展历程

（1）心理学对外语教学产生的影响。上文所述的语法翻译法、直接法、折中法、听说法和视听法都曾经对外语教学产生深远的影响，但是，以上几种教学法尚未有效达到培养学生应用外语参与社会交际的能力。

因此，外语教学仍需深入探索使用价值更高的教学法，这一时期心理学的发展对外语教学产生了深远影响。

①认知心理学。语言和其他认知机制联系密切，是人类抽象符号思维能力最直接的代表。从认知角度研究语言已经成为语言学研究的一个主要方向。认知与语言的密切关系也是认知语言学能够指导外语教学的逻辑基点，二者的关系可以从传统的语言学观点与现代的语言学观点来进行分析。

认知心理学20世纪50年代兴起，20世纪60年代迅速发展，20世纪70年代成为心理学流派中一大主要流派。

认知心理学与外语教学同时发展，相辅相成。认知心理学不仅促进了外语教学的发展，而且成为外语教学的主要理论基础。

②人本主义心理学。与行为主义心理学不同，人本主义心理学强调在学习过程中认知因素和情感因素对学习产生的作用，因此强调重视学生的情感世界。以人本主义心理学为理论基础的主要教学法包括全身反应法、沉默法、暗示法和社团语言学习法，这些教学法旨在营造良好的外语学习氛围，在良好的环境下处理好师生之间的人际关系。

这一时期认知心理学和人本主义心理学两大心理学流派对外语教学都产生了推动作用。

（2）以人为本的外语教学法。以人为本的外语教学法中的全身反应法、沉默法、暗示法和社团语言学习法都是以人本主义心理学作为理论基础的。

①全身反应法。全身反应法是一种教师口头发布指令、学生做出动作回应的教学法。这种教学法通常应用于较低年龄段学生的外语教学活动，或者初学者的教学活动。全身反应法可以有效缓解学习者的语言表达焦虑，学生只要有一定的听力基础就可以与教师互动，适用于外语词汇和语法学习。

②沉默法。沉默法是对原有教学法的巨大挑战。外语教学采用沉默法时，教师在课堂上不再一遍一遍地重复关键知识，而是通过凸显学生

的主体性，培养学生自主学习的能力，让学生富有责任感，引导学生独立练习对话活动。当然此种教学法一方面可以激发学生自主学习的探究精神，但是另一方面，外语教学缺乏教师的有效引导也会导致课堂主题偏移，因此，到底是否应该采用沉默法，以及应该在多大程度上采用沉默法，仍需要进一步探索。

③暗示法。暗示法是一种促进学生记忆的教学方法，如有的教师会向学生提供所学课文的母语译文，或者为学生提供令人舒缓的音乐、舒适的座位、安心的环境等辅助性的手段，帮助学生有效记忆。

④社团语言学习法。教师在上课时，组织学生与教师围坐一圈，学生可以随时发问，教师及时对学生的问题加以回应。教师从学生的问题当中挑选较有价值的并将其写在黑板上与学生共同分析讨论。

（3）交际语言法。20世纪70年代，交际语言法诞生于欧洲。交际语言法旨在培养有交际能力的学生，因此教师关注教学过程中每一个影响构成交际能力的因素，教师必须选用真实、有意义的教学材料，前文提及的"棕色的牛坐在树上吱吱叫"这种毫无意义甚至荒谬至极的句子逐渐被教师抛弃。当然，在外语教学过程中，往往会出现学生表达不够准确或者不够流利的情况，教师应该对学生进行纠正或者指导，但是因为培养学生的交际能力是教学的最终目的，因而教师也应该对学生持有宽容、发展的态度。

（4）自然法。自然法是一种能够缓解学生学习外语的焦虑，激发学生的学习动力，树立学生学习外语自信心的教学方法。自然法是直接法、情景教学法等多种教学法的折中体现，同时自然法也是多种教学法的融合成果。

5. 20世纪80年代以来国外外语教学发展历程

20世纪80年代以来，国外外语教学主要是对原有的教学法进行完善，提出任务教学法，以任务作为教学的原始驱动力。教师将教学划分为任务前、任务中、任务后三个阶段。教师可以设置单独任务或者小组任务，为整个教学活动增添可合作探究的任务，培养学生的多项素养，通过团队合作以及对学生自身潜力的深挖，完成教学任务，实现教学目标，这也在无形中实现了学生自身综合素质的突破。

二、我国外语教学发展历程

（一）我国早期外语教学

元朝是目前可考的我国外语教学的最早朝代，在这一时期，我国出现了有史料可证的最早的外语学校——回回国子监。

"四夷馆"是明朝专门负责外语教学的学校。永乐年间与国外的交往逐渐密切，因此对外语人才需求激增，甚至当时还兴起了私学外文之风，部分百姓多方延请教师私下学习外语。

清朝相较于前面两个朝代，外语教学成就更为突出。1708年，清朝政府就设立了俄罗斯学馆，这是一所可以通过学习俄语升官任职的学校，也是我国历史上最早的俄语学校，它既培养翻译人员，也培养同俄国政府办理外交事宜和商务的官员。鸦片战争后，为了实现"自强""求富"的目标，我国随即出现了一些外语学校和重视外语的洋务学堂、地方学堂，使得当时中国的外语教学进入一个小高峰。

（二）清末民初外语教学发展历程

1902年的"壬寅学制"和1904年的"癸卯学制"均规定了中学堂以上的学堂需开设外语课程，这可以说打开了中国近代外语教学的大门。这一时期的外语教学主要有以下几个特点。

1. 外语教学目的明确

外语教学已经具有普及教育的作用，主要目的是促进学生智力的进一步发展，培养复兴中华所需要的精通外语的专业人才，这些专业人才不仅仅具备对外语的通解能力，更具备运用能力。

2. 教学内容进一步拓展

外语教学在遵循了原有的阅读、翻译等课程基础上，选择增加了语音、会话、作文等内容，但外语教学仍然侧重在阅读、翻译与语法相关课程的学习上。

3. 教学方法不断改善

早期外语教学采用的方法是传统的翻译法，但是伴随外语教学改革运动的产物——直接法传入中国，外语教学的局面发生改变，转换为翻译法与直接法并重。

4. 学时增多

1902 年的"壬寅学制"规定外语课时占总课时的四分之一，一般不少于九个课时。1904 年的"癸卯学制"规定外语课时占总课时的四分之一以上。

（三）中华人民共和国成立以来外语教学发展历程

中华人民共和国成立以来，外语教学经历了一个从向苏联学习转向向西方国家学习，进而结合中国外语教学实践，博采众长，不断探寻的发展过程。中国外语教学走出了一条中国特色发展之路。

1. 相关政策出台支持外语教学发展

1978 年 8 月，中华人民共和国教育部在北京召开外语教育座谈会，开启外语教育发展新窗口，外语被列入基础学科，外语成绩也被纳入高考总分。除不断修订完善外语教学大纲外，教育部门不断出台相关政策与法规促进外语教学发展。

2. 增加外语教学师资数量，提高师资质量

1982 年是一个重要的分界线。1982 年之前，中国外语教师奇缺，国家主要就师资数量问题加以改善与扶持。1982 年之后，中国外语教师数量不再短缺，中国外语师资队伍建设重心转移到提升已有师资质量上。

3. 开展教学研究

这一时期，大量院校针对外语教学开展了大规模的调查研究，通过数据分析对外语教学的现状以及未来发展路径得出了更为客观且科学的结论。

4.教学质量提升

经过几十年几代人的共同努力，中国外语教学发生了新改变，从过去中国较少人学习外语到现在超过四亿人学习不同种类的外语；从起步阶段采用翻译法教学到现在多种类型教学方法并用；从过去学生仅能完成书面试卷到现在外语教学强调听、说、读、写多项技能，促进学生外语教学质量的全面提升。

第三节　外语教学基本理论阐释

一、外语教学原则

（一）以学生为主体

以学生为中心是教育活动的基本原则之一，教学工作是围绕学生展开的，外语教学当然也不例外。在外语教学的整个过程中，教师是主导，学生是主体。教师作为外语教学活动的主导者，其教学任务不仅仅是将知识单向传输给学生，还要通过科学的教学方法，激发学生的学习兴趣，提升学生学习的主动性，引导学生对外语进行全面系统的学习，并为学生提供学习所需的帮助。为达到教学目的，教师可以从以下两方面做出努力。

1.改变传统的教学模式

单一的教学模式和方法难以满足外语教学的需求，教师应该对多种教学模式和方法进行综合研判，博采众长，兼收并蓄，根据不同的实践要求和教学环境，选取最适合自身教学需求、符合教学客观条件的教学模式和方法。

2.因材施教

学生是知识的接收者，因此教师应该将以学生为中心这一原则贯穿于外语教学过程，充分发挥学生在学习过程中的主体作用，包括教材的选取、教育方式的选择、外语课程的设计、教学配套设施的完善、教学环境的优化以及外语教学活动的安排等。

（二）实用性

语言本身具有交流工具的属性，提升外语学习者的外语实际运用能力既是开展外语教育的重要出发点，也是外语教育的核心目标，因此外语教学应强调实用性和交际性原则。

能够使用外语进行交际是外语教学的必然要求，贯彻实用性原则是开展外语教学的必然之举，外语教学应在较长的教育周期内逐步提升学生的外语运用能力。

为达到提升学生的外语实际运用能力与交际能力的目的，在加强外语口语教学和语言训练的同时，教师可以在教学过程中穿插外语交际的训练。因为在外语学习的过程中，绝大多数的学生是在国内接受外语教育的，很难接触到真实的外语交流环境，也不容易直接观察体验外语在实际生活中的应用。教师可以根据教材或教学大纲创设外语情境，针对具体的教学内容，在不偏离教学大纲的前提下，模拟真实的外语交际环境，使学生可以身临其境地进行外语交际能力训练，帮助学生在掌握外语基本知识的同时，提升自身的外语运用能力。

教师还可以充分利用硬件设施，如通过多媒体、视频影像等手段，向学生展示目标语言国家的人们在不同语境下实际的交流过程，使学生对于外语在实际生活中的运用有更加直观的印象。

（三）顺序性

从听、说到读、写能力的培养过程能体现出外语教学过程中的循序渐进原则。听和说两部分在外语学习的早期阶段所占比重较大，因为语言学习者往往缺少外语学习所需的语言环境，听、说练习就显得尤为重要。只有通过听，学生才能更加准确地掌握外语的发音、语调；只有练习说，学生才能不断培养信心，提升外语表达能力。随着教学进度的推进，外语读、写能力的培养在外语课程教学中所占的比重逐渐增加，培养学生对于外语文章的阅读理解能力以及学生的写作能力成为外语教学的重点。

口语和书面语是一门语言的两种表达形式，相较于书面语而言，口语更容易学习，其发展历史也早于书面语。口语词汇主要涉及日常生产生活的各个领域，句子结构也相对简单易懂。书面语随着人类社会的不断发展而产生，其句子结构复杂，比较正式，多使用于正式的场合以及严肃的话题。

通过外语口语的学习，学生可以较为轻松地掌握日常生活中的语言交际能力，在此基础上，通过替代词语的学习、复杂句式的训练、外语文化的学习等方式，增强书面语的表达能力，可见提升外语的综合素养是一个循序渐进、依照客观规律不断向前发展的过程。

（四）趣味性

兴趣是最好的老师，特别是在外语教学的过程中，培养学生的学习兴趣往往能起到事半功倍的效果。通常情况下外语学习缺少相应的语言环境，因此，外语学习很容易让学生感到枯燥、疲倦，影响学生的学习效果。激发和培养学生外语学习的兴趣，可以在很大程度上提升学生外语学习的主动性，获得良好的教学效果。

在外语教学的过程中，教师通过对于学生的肯定与鼓励，主动给予学生正向激励，能够培养学生外语学习的自信心和主动性。激励的方式多种多样，包括语言激励、任务激励、奖品激励以及情感激励等。这一系列的激励会慢慢激发学生的学习兴趣，使其从被动接受外语教育逐渐变成主动学习外语，将外语学习上升为自身发展的需要。如果教师采用外部激励的方式，也会将兴趣逐渐内化为学生自我激励的意识与能力，有利于维持学生的外语学习兴趣，形成了一个"激励与自我激励—学习兴趣增强—学习成绩提升"的良性循环。

提升外语教学过程的趣味性对于学生外语学习成绩的提升具有显著的效果。教师在外语教学中切忌循规蹈矩，尽力避免死板的教学，可以对于各种教学流派兼收并蓄，取其精华，采取创新、灵活、有趣的教学方式，活跃教学气氛，增加外语学习的趣味性。

二、外语教学的影响因素

（一）教师因素

教师作为知识的传授者，在教学过程中发挥着主导作用，是影响教学质量的关键因素，在外语教学中亦是如此。教师在外语课堂上主要起引导和掌控的作用，即引导学生进行知识的获取，掌控学习进度、课程安排、教学质量以及课堂纪律。教师对于外语教学的影响主要体现在教师的个人素质与教学实践上。

1. 教师的个人素质

教师作为外语知识的传授者，其知识储备直接影响其教学质量。一名合格的外语教师，应该具备扎实的外语功底，包括外语语言知识与外语运用能力，以保证课堂教学内容的准确性。外语教育不是简单的外语知识传递的过程，而是在教师的帮助下，提升学生外语综合素质的过程。外语综合素质包括语言知识、实践技能、文化素养以及自主学习能力等。这就需要教师的知识体系应该尽量全面，不仅需要具备扎实的外语专业知识，还需要广泛涉猎其他知识，以保证外语教学的质量。教学技能是衡量一名外语教师是否合格的重要标准，教师的职业特性要求教师不断提升自己的教学技能。一名合格的外语教师不仅要具备充足的知识，还要能够通过科学的方法将知识传授给学生，二者缺一不可。教师的教学技能体现在教学设计、教学方法、教材运用、课堂掌控、教学评价等各个方面。

2.教学实践

教学方法是教育者在教学过程中，为实现教学目标、完成教学任务而采取的教学方式或手段的总称。外语教学方法不是一成不变的，需要教育者根据学习者的实际情况、外语学习的客观条件、外语考核的方式和内容来采取最为适合的教学方法。因此，外语教学方法没有固定的评价体系，而是要放在具体的教学环境中去评价。在具体的教学实践中，灵活的教学方法更有利于教学效率和质量的提升。

此外，教师还应努力营造良好的教学心理环境。教学心理环境指的是教师与学生之间、学生与学生之间的关系，以及在这种关系下形成的课堂教学氛围。教学心理环境对于优化课堂环境具有重要的作用，同时对于提升学生的交际能力也十分重要，能够帮助学生将所学知识熟练地运用到外语交流实践当中。良好的课堂氛围有利于学生以更加积极的心态进行外语学习，提升学生外语学习与参与外语相关活动的热情。良好的课堂氛围还能帮助形成良好的师生关系，对教学心理环境的优化起到巨大的促进作用，使二者之间形成良性循环。

（二）学生因素

学生作为外语教学的主体，对于外语教学实践具有重要的影响，主要表现在角色定位与个体差异两大方面。

1.角色定位

在外语教学活动中，学生主要扮演以下几个角色。

（1）教学活动的主体。学生是外语教学活动的主体，学生外语知识水平与应用能力的提升是外语教学活动的目标。外语教学就是在教师的教育引导下，学生对知识的接收、探索、认知、内化以及应用的过程，并在这一过程中逐渐构建完整的知识结构体系，在提升自身素质的同时，形成科学的世界观、人生观与价值观。

（2）教学活动的参与者。学生既是外语教学活动的主体，也是外语教学活动的重要参与者。在外语教学实践中，学生要积极主动地参与外语课程安排的各种活动，并勇于展示自己的观点和对于知识的思考，与教师形成良好的互动，以提升教学活动的效果。

（3）教学活动的合作者。学生在外语教学活动当中扮演着合作者的角色，主要体现在以下两个方面。

①外语教学是一个"教"与"学"的有机互动过程。在这个过程中，教师与学生要充分互动与合作，才能达到最佳的教学效果。

②在外语教学的过程中，学生之间要进行合作学习，特别是外语教学具有自身的独特性，要求学生在学习知识的过程中运用，在交流练习的同时探索实践，因此离不开学生之间的协作，这样方能在合作中互相学习、共同提高。

（4）教学活动的反馈者。在外语教学的过程中，学生的反馈对于教师教学的开展十分重要，是教师选择教学方法的重要依据。学生的反馈主要表现在以下两个方面。

①在课堂上对教师的教学内容做出反馈。教学是"教"与"学"的互动过程，反馈就是外语课堂上教学互动的重要表现之一，学生对于内容的反馈可以帮助教师及时了解学生当前的学习状态以及对于知识的理解情况，因此有些时候安静的课堂不等于好的课堂。

②结合自身的学习状况与教学实际向教师提出教学意见或者建议，为教师改进教学方法、完善教学内容做出参考，协助教师提高教学效果。

2. 个体差异

在外语教学实践当中，学生个体之间存在着巨大差异，特别是外语教学作为第二语言习得的过程，在具体的教学过程中，学生个体之间的差异主要表现在以下三个方面。

（1）语言潜能的差异。语言潜能是指学习者在语言学习领域所具备的某种能力倾向，可以认为是一种语言学习的先天优势。不同学生个体的语言潜能存在一定的差异，语言潜能较强的学生在外语学习过程中接收新知识较快，思维比较敏捷，学习思路广，能更加灵活地运用外语进行交际，外语学习效率较高，通过教师的合理引导可以较快地掌握外语知识。而语言潜能相对欠缺的学生在外语学习过程中则相对吃力，表现出来的问题也不尽相同，如有的学生单词记忆能力稍有欠缺，有的学生口语表达不够流利，还有的学生写作存在困难，这需要教师在外语教学的过程中了解学生的语言潜能，进而科学规划自己的课程教学方式，针对不同学生因材施教，提升整体的教学质量。

（2）认知风格的差异。认知风格是指不同的行为个体在信息加工的过程中表现出来的一贯的特有风格，包括认知过程、认知功能及认知能力方面的差异，如思维方式、个体直觉、处事态度、行为动机等。学生之间的认知风格存在差异，导致其对于外语教学的反馈有所不同。

（3）情感因素的差异。学生在外语学习过程中的情感因素主要表现在学习态度、学习动机和性格差异等三个方面。

①学习态度。学习态度是学生对于学习过程整体的认知和较为稳定的心理倾向，学习态度对于学习效果具有重要的影响。态度由三个方面组成，即情感因素、行为意向和认知成分。情感因素指的是学生个体对于外语学习的情感体验，也可以说是学生对于外语学习的好恶程度。行为意向指的是学生对于外语学习的反应倾向以及应对状态，即学生在外语学习过程中的行动意向以及准备采取的行为。认知成分指的是学生对于外语学习的信念。一般来说，对其他民族文化包容性强、求知欲旺盛的学生在学习的过程中往往持有积极的学习态度，也更容易取得理想的学习效果。

②学习动机。学习动机会激发、引导、维持学生的学习行为，并使之向着一定的学习目标而不断努力，其对学生外语学习的过程与效果同样具有重要的影响。学生的学习动机一般由两个方面组成，分别是内在动机和外在动机。内在动机指的是学习者希望通过相关知识的学习达到某种目的；外在动机指的是外部因素推动学习者进行某一科目的学习或

训练。比如，在外语学习过程中，外语学习者的内在动机包括出国、学术研究、通婚、工作等，外在动机则包括教师或家长的重视、课程安排、语言培训等。学习动机明确或内在动机较强的外语学习者一般更容易取得良好的学习效果。

③性格差异。性格是一个人面对客观事物表现出来的相对稳定的态度，是一种具有核心意义的心理特征。

性格差异不同程度地影响着学生外语学习的各个环节。比如，在阅读理解能力的培养过程中，在其他学习影响因素较为接近的前提下，性格较为内向的学生往往比性格外向的学生更具有学习优势，因为性格较为内向的学生一般行事稳重、认真严谨，阅读文章更加细致，而性格外向的学生则容易出现注意力不集中的情况，且更容易受到外界因素的干扰。

（三）教学内容因素

教学内容包括教学过程中教育者与学习者之间共同作用形成的一系列知识、技能、概念、观点、行为习惯等的总和。外语教学有其自身的特殊性，既要考虑学科本身的知识体系，又要考虑第二语言习得特点、学习者的学习目的、学习者自身的素质等诸多因素。外语教学内容主要包括语言知识和语言技能、文化意识、情感态度以及学习策略。外语教学的知识和技能主要包括听力教学、写作教学、口语教学、文章阅读教学、翻译教学等五个方面。根据教学内容的不同，外语教学方式也有所不同。

（四）环境因素

环境因素对于外语教学的效果有着重要的影响。环境因素是影响外语学习者的外部因素，外语教学作为第二语言习得的教学过程，受客观条件和外部因素影响较大，教学环境的构成较为复杂，主要包括社会环境、学校环境以及个人环境三个方面。

1.社会环境

社会环境主要包括国家政策和社会制度、教育体制和教育方针、经济发展状况和对外开放水平以及社会群体对于外语教育和学习的认知，其在宏观上决定着外语教育的整体发展形势，对于外语教学的发展具有重要的导向作用。开放的国家政策、繁荣的国际文化交流以及较高的经济发展水平都会推动外语教育的发展，引起社会整体对于外语学习的重视，提升社会成员学习外语的积极性，为外语教学创造有利的社会环境。

2.学校环境

学校是外语教学开展和外语知识传播的最重要的场所，学校环境的优劣直接影响着外语教学的效果。学习环境同样包含多种因素，包括外语教学的硬件水平、学校对于外语教育的重视程度、班级的规模和组织形式、外语课程的比重和安排、教学资料的丰富程度、学校的管理水平以及校园和班级风气等。

3.个人环境

学习者个人所处的生活环境对其外语学习也具有一定的影响。个人环境一般包括家庭状况、社交情况、物质生活条件、职业、文化水平等。个人环境在客观上影响着学习者的学习态度、学习积极性、学习方法和学习质量。

三、外语教学内容

（一）语言知识教学

1.词 汇

词汇是语言最重要的组成部分之一，也是语言体系的重要基石。离开词汇，语言就失去了表达和书写的基础，难以传递语言信息，由此可见词汇教学在语言教学中的重要地位。

对于中国的外语教学来说，由于汉语与外语之间存在着巨大差别，中文词汇与外文词汇在内涵、外延、使用方法以及适用情境等方面都存在着明显的不同。由于语言特点的不同，一些外语单词的语义差别对于我国学生来说理解较为困难，对词汇含义的辨析也是我国外语教学过程中十分重要的环节。这也是为什么词汇教学是外语教学的基础，只有帮助学生弄清楚词汇的含义及用法，才能更好地开展之后阶段的外语教学。

词汇在第二语言习得中的重要性还体现在词汇偏误对于语言学习的重要影响上。大量的相关研究表明，词汇偏误是第二语言习得中最为常见的偏误类型，甚至超过语法偏误。而且词汇偏误更容易对语言学习者造成思维混乱，在一定程度上影响第二语言习得。

词汇对于语言的理解也十分重要，语言的理解，特别是口语理解，在很大程度上取决于对于词汇的掌握。许多语言研究者和语言学理论都将词汇置于语言学习的中心位置，这也进一步表明了其在语言教学中的重要性。

2. 语　法

语法是语言表达的基础结构和框架，是语言体系的规范性法则，也是人们通过语言正确表达自己思想的规则和依据，脱离语法的语言表述，难以做出准确的描绘和传达。因此，语言无时无刻不受语法的规范。

外语语法知识包括描述性知识和程序性知识。描述性知识由各种语法规则组成，如词法、句法和章法，包括词类、从句、时态和语态等；程序性知识是指如何运用语法完成交际任务的知识。第一种知识可以通过学习获得；而第二种知识表现为一种能力，必须通过训练和运用才能掌握。

语法是人们使用语言进行交际时，将词语组成句子，使语言具有明确意义，并能为对方所理解的一套规则。可见，教授语法不是最终目的，而是培养学生语言实践能力的有效手段，其最终目的是让学生将语言的形式与其意义、交际功能有机地结合起来，通过在具体语境中体验和运用来内化语言规则，从而达到准确运用语言进行有效、得体的交际的目的。因而，教师在开展语法教学时，应该考虑到语法在外语教学中的意义，即学习语法的目的就是确保学习者正确使用外语进行有效的交流。

（二）实践教学

语言技能主要包括听力、口语、阅读、写作与翻译等内容，语言技能教学的主要目标是提升学生的语言交际能力，这五方面的内容是相辅相成的，阅读和听力教学帮助提升学生的理解能力，口语教学则使学生能够将自己的思想通过外语表达出来，写作教学训练的是学生的书面表达能力，翻译则是学生外语综合运用能力的体现。

提升学生的外语综合素质与实际运用能力，需要针对语言知识和语言技能进行全面的教学与大量的训练，外语能力的提升不是一朝一夕可以实现的，语言学习是一个缓慢的过程，需要打好基础，坚持训练，稳步发展。外语教育工作者也应该针对教学的不同阶段或不同的学生群体制定不同的外语教学任务与教学目标，以达到最佳的教学效果。

第四节　外语教学基本模式

一、教学模式概述

"模式"一词是英文 model 的汉译名词，model 还可译为"模型""范式""典型"等。模式一般指被研究对象在理论上的逻辑框架，是经验与理论之间的一种可操作性的知识系统，是再现现实的一种理论性的简化结构。

乔伊斯（B. Joyce）、韦尔（M. Weil）和卡尔霍恩（E.Calhoun）认为："教学模式是构成课程和作业、选择教材、提示教师活动的一种范式或计划。"[1] 实际教学模式并不是一种计划，因为计划往往显得太具体，太具操作性，从而失去了理论色彩。将"模式"一词引入教学理论中，是想以此来说明在一定的教学思想或教学理论指导下建立起来的各种类型教学活动的基本结构或框架，表现教学过程程序性的策略体系。

美国两位比较政治学者比尔和哈德格雷夫在研究了一般模式后认为，模式是再现现实的一种理论性的、简化的形式。比尔和哈德格雷夫的模式定义有三个要点：第一，模式是现实的再现，也就是说，模式是现实的抽象概括，来源于现实；第二，模式是理论性的形式，也就是说，模式是一种理论，而非工艺性方法、方案或计划；第三，模式是简化的形式，也就是说，模式这种理论性形式是精心简化了的，以简洁明了的形式表达。

教学模式指的是在一定的教学理念与教学思想指导下，在具体的教学实践中形成的稳定的教学活动结构框架和活动程序。将教学模式定义为结构框架，突出了教学模式从宏观上把握教学活动整体及各要素之间内部的关系和功能；将教学模式定义为活动程序，则突出了教学模式的有序性和可操作性。教学模式是人们通过长期的教学实践总结形成的，教学模式源于实践，又反过来指导教学实践。

教学模式主要由五方面的内容组成，分别是理论依据、教学目标、操作程序、实现条件和教学评价，这五个方面之间的有机联系构成了教学模式的基本结构，它们之间虽有区别，但不是孤立的，而是相互联系、相互依存的，教学模式的基本结构是由这五个方面共同构成的，缺一不可。

教学模式的本质是将教学理论运用到教学实践当中，提升教学的规范性。教学模式与教学实践之间也是相互联系、相互影响的。教学实践在教学模式的框架下开展，教学模式又随着教学实践的推进进行适当的

---

[1]　乔伊斯，韦尔，卡尔霍恩.教学模式[M].荆建华，宋福钢，花清亮，译.北京：中国轻工业出版社，2002：158.

调整，以适应不同的教学环境和学习群体。教学模式既可以按照教学理论进行构建，也可以根据教学实践形成和完善，这也符合哲学理论中理论与实践的辩证关系。

二、外语教学模式的内涵

（一）外语教学模式的概念界定

外语教学模式的研究在我国属于发展较晚的研究领域，关于外语教学模式概念的界定，不同学者的研究角度与分析过程各有不同，这也导致其对外语教学模式的认识和见解各有不同。

从特定的研究领域到教育学，再到外语学科教学，一部分学者认为外语教学模式指的就是外语教学实践的一种特殊教学手段，而另一部分学者则认为外语教学模式是与特定的外语教学任务相关联的一种程式。

本书对于外语教学模式的界定如下：在一定的外语教学理论与外语教学思想的指引下，在外语教学实践当中，外语教师为实现外语教学的任务与目标而采取的一定的教学手段与教学方法。

（二）外语教学模式的结构分析

国内学者对于外语教学模式的结构的总结和分析具有较强的一致性，主要观点可以总结为以下六个方面的内容。

1. 教学思想或教学理论

外语教学模式是教学理念与教学实践有机结合而形成的，教学理论和教学思想是在外语实践教学中总结升华而成的，然后反过来指导实践，这就是教学模式在教学实践中的应用过程。因此，对于外语教学模式来说，一套完整的教学理论是其首要的构成要素。

2. 教学任务与教学目标

外语教学的开展必然以一定的教学目标为任务指向，教学模式也是为特定的教学任务和教学目标而服务的，没有明确教学目的的教学模式是不适用于外语教学实践的。

3. 操作程序与使用方式

外语教学模式应用于教学实践需要一定的操作程序与使用方式，这也是不同外语教学模式之间重要的区分要素，操作程序与使用方式的优劣会直接影响外语教学的效果。

4. 教学条件与教学环境

外语教学模式的实践应用需要一定的教学条件与教学环境作为支撑。拥有良好的教学条件与教学环境，可以帮助外语教学模式发挥作用，当然，教学条件与教学环境对于外语教学模式不一定都是促进作用，在某些情况下也会限制教学模式发挥作用。

5. 师生互动与师生交流

外语教学活动包括教师和学生两个主要角色，教师与学生之间的任务各不相同，但两者在教学活动中又紧密相连。教学模式在外语教学实践中的有效应用与师生之间的互动交流有着密切的关系。

6. 评价标准与评价方式

教学评价系统是外语教学模式的重要组成部分，一套教学模式的优劣需要科学的评价方法与评价体系进行衡量，以判断该教学模式是否适合继续应用于外语教学实践，不完善的评价系统会导致对于外语教学模式的误判，不利于外语教学的发展。

以上六个方面的内容是外语教学模式的普遍结构特征。当然，国内外对于外语教学模式的研究还有许多不同的切入角度与研究方向，包括理论说、程序说、方法说等，但总体的研究趋势相对一致，即从关注教师的"教"向关注学生的"学"转化，研究理论不断深入，研究内容不断丰富，研究结构更加完善。[1]

---

[1] 崇斌，田忠山. 新时期大学英语教学研究 [M]. 成都：电子科技大学出版社，2017：17-19.

三、外语教学模式的类型

（一）社会型教学模式

社会型教学模式依靠社会学习群体之间相互帮助、共同合作、人与人之间的共同作用产生超越个人的能量，这种学习群体是构建社会型外语教学模式的有效途径。主要由以下四种子模式类型共同构建起社会型教学模式，如图1-4所示。

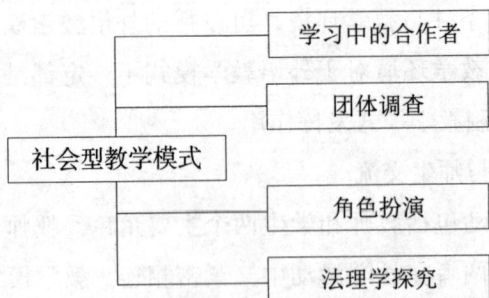

图 1-4　社会型教学模式

1.学习中的合作者

在一个合作组织内部，成员之间互相指导，互相分享学习、研究成果，同时共同承担组织内部的学习任务，相互配合，形成积极的情感体验，造就良好的人际关系，最终打造高效的教学成果。

常见的合作式教学是由教师分配较为复杂的教学任务给两个人或者三个人的学习小组，旨在通过合理安排任务，约束合作组织成员参与教学任务的探究学习过程，并且由于任务较为复杂，成员之间必须采取相互合作、互相帮助的合作者模式，最终实现教师的教学目的。

教学应该最大程度强调合作学习的动机驱动作用。小组内部成员积极参与外语教学不只是源自自身的需要，即合作学习是在共同目标的驱使下，在满足学生内部自身需要的同时，内部成员开展的信息交流与相互协作。合作学习的动机驱动每个成员激发自己的潜能。

2. 团体调查

在杜威思想基础上进一步发展出的团体调查教学模式，也是一种广受关注的外语教学模式。

教师提出教学中需要解决的各种问题，将学生分成若干小组，学生采用科学调查与民主讨论的方式，对研究的问题做出自己的回应。当面对特定的教学情境，试图解决特定的教学问题时，学生在这个框架下采用科学的调查方法，逐渐培养自身面对问题与任务时能够恰当且灵活地进行应对的能力。

在引导学生探究和确定问题的诸多方面的过程中，外语教师的任务只是帮助学生发现问题，引导学生采用科学的调查方法，确保整个学习过程充满活力。

3. 角色扮演

教师往往会采用角色扮演的教学模式引导学生关注外语教学中的社会情境，关注个体在社会关系中产生的相应作用。

通过这种方式，学生得以研究社会价值对自己的影响，同时搜集并组织有关社会问题的信息，增强对社会中其他人的了解和同情心，提高融入社会的技能。

此外，角色扮演模式还要求学生必须学会从别人的角度看待各种社会问题，培养学生自主观察社会行为的能力。如果外语教师应用得当，角色扮演可应用于外语教学所对应的所有年级的学生。

4. 法理学探究

学生学习外语是从较为简单的词汇、单独的句子逐渐发展至整个语篇的学习过程，而且学生必须关注所学习语言的社会、国家、民族以及国际方面的问题。

法理学探究模式将案例研究引入教学过程，尤其适用于学习程度较高的学生开展社会研究学习。外语教师需要引导学生不仅要识别外国公共政策问题，还要识别解决问题的方法以及认识这些方法背后隐含的价值观念。

（二）信息加工型教学模式

信息加工型教学模式主要由七种子模式类型共同构建，如图1-5所示。

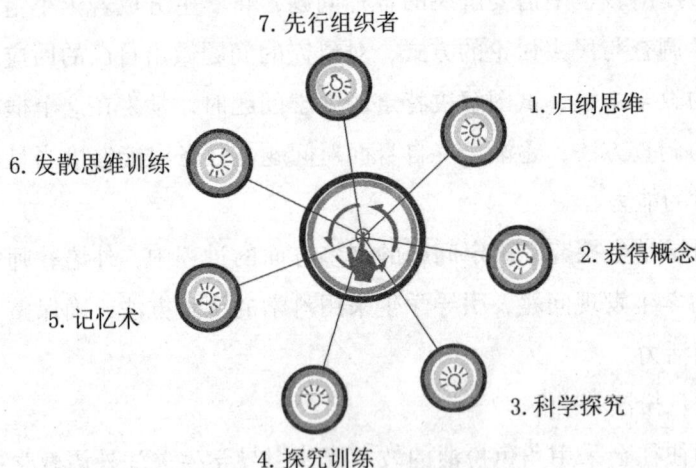

7. 先行组织者
1. 归纳思维
6. 发散思维训练
2. 获得概念
5. 记忆术
3. 科学探究
4. 探究训练

图1-5　信息加工型教学模式

1. 归纳思维

分析信息、产生概念的能力通常被认为是基本的思维技能。这一模式旨在教会学生搜集和组织信息，提出并验证相关资料之间关系的假设等。归纳思维作为一种教学模式在学校课程中对信息的组织起基础作用。

2. 获得概念

获得概念模式旨在既教给学生概念，又帮助他们更有效地学习概念，并提供给不同发展阶段的学生从一系列题目中展现组织信息的有效方法。获得概念模式在传授并阐明概念进而训练学生有效形成概念的过程中起到了促进作用。

3. 科学探究

科学探究模式是在学习刚开始就将学生带入科学探索过程，帮助学生收集并分析资料，验证假设和理论，思考知识结构的性质的教学模式。

4. 探究训练

探究训练模式旨在教会学生进行因果关系的推理，提问时流利准确，形成概念和假设并验证它们。它起到教会学生推断、形成假设和验证假设的作用。

5. 记忆术

外语教学中强调的记忆术教学模式，首先必须与死记硬背的教学模式相区分。记忆术教学模式就是指教会学生无论是个体的探究学习还是团队间的合作学习都必须先掌握相关的信息概念，通过同化信息的手段获得相应知识的过程。

6. 发散思维训练

发散思维训练模式旨在帮助学生在解决问题、设计活动时打破常规，从更宽广的领域获得新的思想。在课堂教学中，教师培养学生发散思维的能力，直到他们能独立地或者在合作群体中使用这种方法。发散思维训练模式不仅可以用来直接引发创造性思维，也可以提高学生的合作水平和研究能力。

7. 先行组织者

先行组织者模式旨在给学生提供一个通过讲授、阅读和其他途径获得对理解材料的认知结构。在教育活动中，学生可以很容易地将它与其他模式结合，共同使用。

（三）行为系统模式

行为系统模式主要有三种子模式类型：非指导教学模式、掌握学习模式和模拟学习训练模式。

1. 非指导教学模式

本模式产生于心理咨询理论，强调教师与学生之间的伙伴关系。教师要帮助学生理解在进行自我教育时担当主角，使学生了解自己已取得了多大进步并帮助学生解决问题，取得更大的进步。

2. 掌握学习模式

行为系统模式在外语教学中最常用的是掌握学习。首先，教师将要学习的材料由简单到复杂分成若干单元，通过合适的媒介（阅读材料、磁带等）逐步呈现给学生。学生连续不断地根据这些单元一篇一篇地学习，每单元学完后进行一次测验，看一看他们掌握了没有。如果没有掌握，可以重学或另换一些近似的内容，直到完全掌握。

3. 模拟学习训练模式

该模式综合了有关技能形成中的演示、练习、反馈及至掌握的所有知识。学生在教师或同伴的指导下通过讲解、演示、练习并获得正确反馈。

第二章 外语教学中的多维素质能力培养

第一节 外语教学中的情感态度培养

一、情感态度概念界定

情感态度的培养是指人的非智力因素培养。依照普通心理学理论，情感态度主要包含兴趣、动机、自信、意志、自我意识、性格等几项内容。

（一）兴 趣

兴趣，指个人积极从事某项活动或者积极探寻某种事物的一种心理倾向。如果一个学生在学习时，乐于主动参与外语教学活动，或者积极配合教师的外语教学活动，我们就称之为有参与外语教学的兴趣。

兴趣伴随着积极的情感体验。一方面，兴趣可以减轻学习的疲倦感；另一方面，兴趣是学习自觉性、自主性的起点，是激发人的内在潜力的源泉。

（二）自　信

自信，又称自信心，是一个人对自己的能力做出积极、肯定评价的心理状态，是一种对自己可以实现既定目标的心理倾向。自信不等同于自傲或者自负，自信是建立在对自己的能力有准确测评的基础上，是对自己实力的正确预估与自我的肯定，是一种有利于获取成功的心理条件。

（三）动　机

动机是引起个体行为向某一个目标不断前进、努力的心理状态。动机往往是个体对某个目标引起注意之后，指向性状态进一步加强，而指向性在集中的同时降低了知觉阈限，进而提升个体反应速度，有助于达到最终效果。

学习动机分为内在动机与外在动机。内在动机往往是学习者自发的内源力，正如罗杰斯所表述的那样，学习者对某一学习内容产生浓厚兴趣时产生内在动机，内在动机可有效延长学习者的动机作用时间。外在动机则是诸如奖励或者逃避惩罚，外在动机也会对学习者产生激励作用，但是外在动机产生作用的时间短于内在动机。

（四）意　志

意志，主要是指人在实现某一目标或者某一任务的过程中，实现自我调节，克服困难的心理过程。意志对人的认知、心理活动、行为动作起调节与控制作用。情感对人的意志起促进作用或者阻碍作用。个体在面对困难时，产生积极的情感体验后，会提高意志活动，从而坚定不移地克服困难；在面对困难时，产生负面、消极的情感体验后，会阻碍意志活动，产生犹豫、踌躇的行为，甚至直接宣告放弃。

（五）自我意识

学生的成长过程，是一个自我意识不断形成的过程。自我意识会带来自我回避、退缩等保护机制。学生在学习过程中难以避免地会遇到困难挫折，如果他们能够以积极的情绪、态度应对，就会越挫越勇，敢于面对困难。但是自我意识较强的学生会出于自我保护的心态，或者对自己有较为负面的评价而不愿意犯错，不愿参与教学活动。

（六）性　格

人的性格是一种较为稳定的个性心理特征。通常认为，较为外向的性格有利于学习，因为外语教学需要较多的口语与听力练习，需要情景交际练习，内向的性格往往更加封闭自我，因此有外向性格的人可能因为自我束缚较少而参与语言学习活动。

二、外语教学与情感态度培养的关系

首先，从人类语言和情感态度关系的角度分析，人类语言与情感态度联系紧密。人类语言具有表达情感、传递情感、建立情感关系的作用。人类经由语言表达传递内心情感，建立良好的人际关系，以此融入社会生活。因此从语言的功能角度来看，语言与情感态度紧密相关，不可分割。

另外，人类应用语言表达情感态度，情感态度又反作用于人类开展的语言学习活动。外语与母语不同，往往在学习过程中要面对更多的困难，因此只有积极的态度才能激发学生全身心参与外语教学，学习外语的效果也会更好。学生在外语学习过程中面临困难时，往往需要积极、坚强的态度面对学习困境，也只有在这种态度下，持续不断的努力才能走向成功。除此之外必须明确的一点是，语言作为一种人与人交际时使用的工具，学生学习语言不仅仅是为了参加考试或考核，一旦学生胆怯或者持有焦虑的态度，都难以学会这门外语。退一步来说，有这种情感态度的学生即便学会了这门外语，也不能落落大方地展现外语学习成果，更遑论主动应用这门外语与外国人沟通交流。

三、情感态度培养的理论依据

关于情感态度培养的理论基础，本书将对人本主义心理学家马斯洛、罗杰斯和语言教育学家克拉申的相关研究进行详细的论述。

（一）马斯洛

著名心理学家马斯洛（Abraham H. Maslow）融合精神分析心理学和行为主义心理学，开创人本主义心理学。1943 年，马斯洛在《人的动机理论》中提出需求层次理论，认为人生而便有种种需求，从最低的生存需求开始，逐级上升，其中最高层次是人的自我实现的需求，如图 2-1 所示。

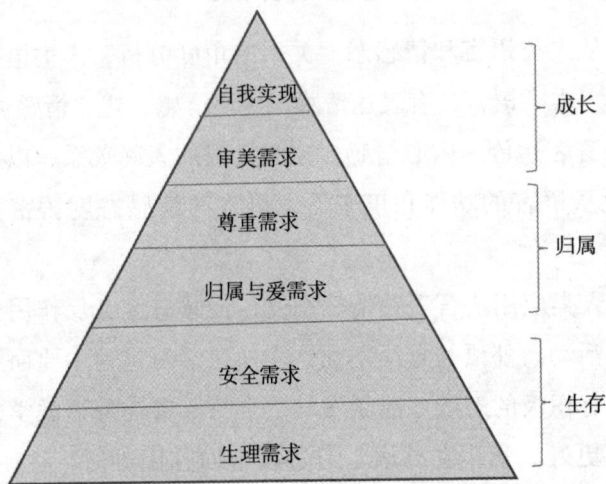

图 2-1　马斯洛的需求层次理论

1. 生理需求

马斯洛需求层次理论中的生理需求，指的是人类维持自身生存发展的最基本需求。生理需求包括衣食住行等最基础的生存需要，当这些需求得不到满足时，一个人最基本的生存都得不到保障，所以在这一阶段，生理需求是人生存发展的最强大动力。一旦人类赖以生存的生理需求得到满足，其他需求便成为新的激励因素，得到满足的生理需求难以再产生激励效果。

2. 安全需求

安全需求是指一个人生存所必需的人身安全、事业保障、财产安全等方面的需求。马斯洛认为人类生而寻求安全，甚至包括人的感觉器官、效应器官都是人追求安全所必需的工具。生理需求与安全需求是生存层次的需求，是人类生存发展的前提与基础。

3. 归属与爱需求

归属与爱需求也可以称之为感情的需求。一方面，人有归属于一个群体并成为群体当中一员的需要，在群体范围内，人会产生归属感、认同感，并在群体之中获得力量；另一方面，爱的需求是指人生活在社会环境中，人与人之间构成不同类型的人际关系。亲情、友情、爱情都是人类在满足生存层次需求之后产生的情感需要，每个人都希望获得他人的爱，同时每个人也都对外释放爱意。

4. 尊重需求

尊重需求可分为个体内部尊重与个体外部尊重两种尊重需求。个体内部尊重强调个体自我评估，认定自己有信心、有实力。个体内部尊重是人在社会生活中寻求个人的能力与个人的成就得到他人或者社会认可的需求。外部尊重需求则是来源于他人和社会的尊重。一个人希望获得稳定的地位和有威望的社会声望是来源于这个人对尊重的需求。当尊重的需求得到满足时，个体更容易找到生存的价值。归属与爱的需求和尊重的需求是归属层次的需求。

5. 审美需求

审美需求指的是在人类文明社会中种种自然或人为的艺术，唤醒人类愉悦之感，激发出个体对美的事物不断追寻。不是每个人都存在审美需求，这需要个体拥有敏锐的观察力、丰富的想象力和艺术感知力。

6. 自我实现

自我实现需求是马斯洛需求层次理论中最高层次的需求。自我实现的需求是指个体发挥个人最大能力，实现个人理想与抱负的内心需要。自我实现的需求实质是激发人的潜力。自我实现的需求引导个体确立理想目标，不断发展完善自我，逐渐接近甚至成为理想化的个体。审美需求和自我实现需求都是一个人成长层次的需要。

马斯洛的需求层次理论将人类的基本需求分为三个层次、六种需求，当较低层次的需求得到满足之后，人会向更高一级的需求追求。除了第一种是生理需求，其他五种是心理需求。对于生活在文明社会的人来说，生理需求很容易满足，而心理需求往往较难实现，它对人类行为的影响更大。

通过马斯洛的需求层次理论不难看出，马斯洛将归属与爱的需求置于需求层次理论的第3层次，同时归属与爱的需求也是位于生存需求之上的首要需求。由此可知，培养学生的情感态度是除生存需求之外的重中之重。通过教育培养学生的情感态度、促进人格的形成、激发学生的非智力因素，是学生获得价值感、激发自身内在价值、成为理想自我的必由之路。

（二）罗杰斯

罗杰斯（Carl R. Rogers）同样是人本主义心理学的主要代表心理学家之一。他在《学习的自由》一书中，阐述自由学习的教育思想和以学生为中心的教育观点。罗杰斯认为教育的首要任务是促进人的发展与成长，因此他致力于培养身体、心智、情感、精神融于一体的人，即完人。

罗杰斯认为教育能调动学生的积极性、创造性，通过教育开发出学生的自我潜能后，学生可以提高自主学习的能力，从而实现学会学习。

罗杰斯强调在学习的过程中教师要采取非指导性教学的理论，尊重学生，与学生在情感和思想上达成共鸣。教师应该培养学生的良好品格、情感态度与完整独立的人格，始终相信学生并激发学生自己的内在潜能，建立良好的师生关系并实现与学生的情感共鸣。

罗杰斯强调教育必须关注智力与情感两方面的发展，若只关注智力的发展，则会导致情感空白及培养出人际关系淡薄、身心未能全面发展的学生，这些学生仅在智力方面得到了发展，他们有可能难以融入复杂的社会人际关系之中。

（三）克拉申

克拉申（Stephen D. Krashen）是一名研究第二语言的专家学者，20世纪中叶，他提出语言习得—学得假说、自然顺序假说、监控假说、语言输入假说、情感过滤假说这 5 大假说，在相互补充、相互联系的基础上，发展出第二语言习得的输入假说模式（图 2-2）。

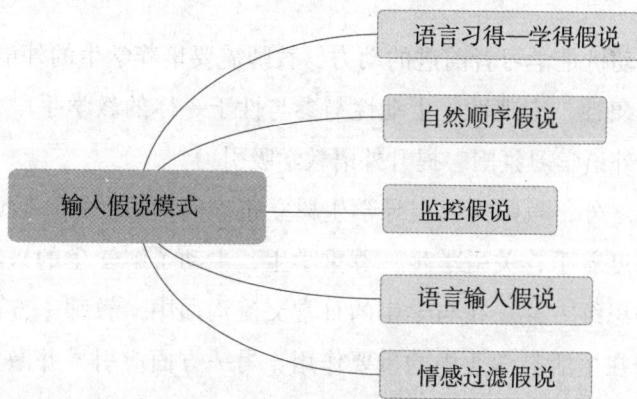

图 2-2 输入假说模式生成过程

输入假说模式又可称为"i+1"公式，其中"i"代表学习者现有的语言水平，"1"代表略高于学习者现有水平的语言材料。根据此观点，只要语言学习者能够理解输入，又有足够的语言学习材料时就可以自动提供这种"i+1"的输入。

克拉申的情感过滤假说认为，输入环境是影响学生学习第二语言的重要因素，但是学生在学习第二语言过程中，并非受到输入环境这一单一因素影响，还受到情感因素的影响。第二语言的输入过程必须经过情感的过滤，才能实现个体真正接纳和吸收该语言。

克拉申认为动力、性格和情感状态都影响语言的习得。学生有明确的学习动力，将会提升学习的效果，一旦学生没有明确学习第二语言的动力，就会导致事倍功半的学习效果。学习者性格外向，较为自信时，他处于学习环境中敢于自我表达，有利于第二语言的学习与输出。学习者较为放松时，往往学习第二语言的效果更好，一旦学习者处于焦虑之中，形成情感屏障，则难以真正实现语言的融会贯通。

四、情感态度培养路径

（一）激发学生求知欲

学习动机是学习者前进的动力，教师需要培养学生的外语学习动机，采用集形象性、表现性、生动性与参与性于一体的教学手段，为学生创设良好的外语学习氛围，提升外语教学吸引力。

除此之外，教师需要引导学生树立正确的学习动机。教师从学生的情感、态度着手，关爱学生，尊重学生，主动了解学生的兴趣爱好，了解学生的思维方式。在与学生的日常交流沟通中，教师一方面应向学生阐明外语在生活与学业中的重要作用，另一方面应引导并激发学生对外语学习的积极情感与学习动力，将外语学习转化为学习者自身的内在需求，形成可持续的外语学习动力。

（二）教学内容与情感态度的契合

外语课程的教学内容通常以语篇的形式呈现，因此教学内容中蕴含了丰富的情感因素。教师挖掘教学内容中蕴含的情感因素，可以帮助学生以情感迁移的形式获得情感的体验。因此，教师必须在备课时分析教材中蕴含的情感因素，只有教师率先被教学内容中的情感因素感染，在授课过程中才会以此影响学生对教学内容的情感态度。

（三）授课过程与情感态度的结合

教师可以将情感态度的培养灵活运用于教学活动中。例如，在阅读课上，教师可以将语篇阅读与主题情感、中心思想相结合，以设问的形式引导学生一边阅读一边寻找答案。除此之外，书面表达课也是教师培养学生情感态度的高效课堂。例如，在进行名人名句赏析时，教师可以将富有情感的语句展示给学生，并分析其中蕴含的思想。

（四）运用肢体语言

由于课堂时长有限，教师灵活运用肢体语言表达情绪情感，一方面可以唤起学生的积极情感响应，另一方面能够确保课程的完整性。

教师在授课过程中，当学生做出正确回应或回答问题正确时，可采用点头示意或鼓励式微笑、赞许的手势等，表示认可与赞扬。学生讨论或小组活动时，教师环绕巡视，认真倾听学生间的讨论，并在必要时主动提供帮助。这一方面可以拉近师生之间的距离，另一方面可以让学生感受到教师的亲和力，有利于学生良性情感和态度的培养。

除此之外，视线投射也是一种教师表达自己情感与态度的有效方式。教师以亲和、和蔼的目光投射给学生时能够拉近师生之间的心灵距离，实现师生之间快速有效的情感交流。

（五）使用激励性语言

教师授课应具有启发性、教育性、智慧性，外语教师的语言表达应当富有激情、简洁准确、生动形象、富有韵律感，配合教学内容，教师应当情感充沛，语速得当。教师的课堂用语简洁风趣，可以提升教师的个人魅力。

每当学生配合教师完成教学活动，或者配合教师提问时，教师可采用激励性语言，激发学生的信心与参与感，为他们营造成就感，并创造良好的情感体验。

第二节　外语教学中的文化意识培养

一、文化意识概念界定

文化意识由"文化""意识"两词构成，但是文化意识的内涵并不是"文化"与"意识"的简单叠加，而是在两词原有含义的基础上进一步延伸出更深层次的含义。文化意识的内涵十分丰富，不同学科都曾做出不一样的解释，仅从外语教学的角度，不难得知：文化意识是不同国家或者不同地区在文化背景各异的前提条件下对不同事物各不相同的态度和价值观。

外语教学在跨文化交际情境中，涉及对非本国文化的理解与使用时，应注意培养跨文化交际所必需的文化知识、技能、态度。因此，外语教学中的文化意识是指针对本国文化与外国文化的交际方式、沟通技能、情感态度的集合。外语教学中必不可少的教学内容是培养文化意识，文化意识是国际化人才的必备条件。跨文化意识是文化意识不可分割的一部分，跨文化意识是不同文化背景下人与人相互交流不可或缺的能力，包括语言能力、语用能力和处理文化差异的灵活变通能力等，这都是以跨文化意识为前提的。

二、文化意识培养理论依据

（一）人的全面发展观

早在古希腊时期，普罗泰戈拉（Protagoras）提及人是万物的尺度，强调了人对世界的能动作用，人是丈量世界的尺度，是世界的中心。苏格拉底（Socrates）探究对人内在精神的认识，其思想内核无疑是凸显人的主体性。柏拉图（Plato）心目中的理想国强调促进人的身心和谐发展。亚里士多德（Aristotle）主张人的和谐发展。古希腊三哲都强调人的重要性，人的能动作用以及人是不断发展的。

文艺复兴时期，人文主义者反对神权统治，强调人性解放，张扬个人个性。文艺复兴是人类历史上一次伟大的变革，它引导人们对人类自身认识和发展迈上新的阶梯，为人的全面发展提供思想解放基础。

启蒙运动时期，启蒙思想家伏尔泰、孟德斯鸠、卢梭等人强调人的自由思想与人权解放。

马克思认为人类发展的最高境界是实现人的全面发展。人的全面发展指的是个人素质的全面提高，包括德、智、体、美、劳等全方面发展。人是社会人，社会环境之中个人的全面发展是促进社会前进与发展、建立人与社会良好关系的重要因素。

（二）文化历史理论

维果茨基（Lev Vygotsky）是苏联心理学家，他从社会、文化、历史等多个角度分析了人类个体的心理发展。

文化历史理论强调在人与社会发展进程中，人类起到积极作用。维果茨基认为人的发展规律不仅受到生物进化规律限制，也深受社会文化历史发展规律影响和制约。维果茨基认为，人类文化历史的发展是人类个体心理发展的根源。人类由低级心理机能转向高级心理机能，是通过语言符号系统这一媒介实现的。

意识与活动作为高级心理机能，对社会、文化和人类个体发展起到重要作用。语言是人类创造的文化符号，语言教学促进人的全面发展。因此，外语教学在传递文化、培养文化意识等方面起到了重要的作用。在外语教学中，教师应针对语言符号背后的文化背景加以阐释说明，同时创设相应的外语情境，帮助学生理解并学习相关文化知识，促进学生文化意识的培养。

三、文化意识培养路径

文化意识包含外国语言知识、外国文化知识与外国价值观等内容。外语教学中文化意识的培养有以下六条路径。

（一）明确文化意识培养教学目标

教学目标是开展课堂教学的基础，明确的教学目标是教学内容设计、教学环节开展的方向指南。

外语教学课堂中若缺乏明确的文化意识培养，或教学计划中未将文化意识纳入计划范畴，便会导致教学中文化意识方面内容的缺失，导致外语教师难以在授课环节明确文化意识培养任务，开展相应教学活动。因此，文化意识培养的首要之举，是明确文化意识培养教学目标，培养路径包括以下三个目标维度、六个教学目标内容，教学目标框架以学生认知心理过程为基础，循环递进，循序渐进地促进学生文化意识的形成，如表 2-1 所示。

表2-1　教学活动中文化意识的培养路径

目标维度	教学目标内容
文化知识	掌握词汇中的外国文化内涵
	了解和掌握主题和语篇中包含的文化背景知识
	掌握主题和语篇中相关具有文化内涵的词汇和文化知识表达
文化理解	文化对比，帮助学生理解和感知两种文化异同
	以情景对话、角色扮演等活动理解和巩固所学内容，提高交际能力
文化意识的形成	关注主题和语篇的思想性和精神文化内涵，挖掘主题和篇章的育人价值，培养学生开放、包容的价值观，促进形成人类命运共同体意识

　　文化意识培养贯穿外语教学全程，无论是词汇教学、语篇教学还是情境模拟，文化意识培养渗透于课堂每个环节，实现以潜移默化的方式影响学生文化意识的形成。

（二）通过文章语篇进行文化意识培养

　　外语学习内容体现于文章语篇之中，语篇不同于词汇与句子，其内容凸显文章主题思想，文章语篇往往与一定的情境相结合，搭建出完整的思想意识输出平台。因此，在外语教学中，学生学习文章语篇，不仅可以获得文化知识，提高语言技能，更能潜移默化地培养文化意识。

　　首先，文章语篇中包含的主题文化背景，通常包含外国基本国情、文化常识、相关国家习俗习惯、语言文学知识等。其次，文章语篇中包含作者意图表达的中心思想，文章语篇中的主题思想往往传递作者的价值观念，学生通过了解作者的价值观念，可以培养个人的文化意识。再次，文章语篇由词汇构成，而词汇本身包含相当丰富的文化信息。外语教师讲解词汇中蕴含的文化内涵以及相关知识和文化信息，可以帮助学生识别并理解词汇中的文化信息。最后，通过文章语篇中的文化对比，外语教师可以帮助学生加深对母语与外语两种文化的理解，促进学生了解两种文化的差异与相似之处。

（三）在主题情境教学中培养文化意识

情境是实现文化知识转化为文化理解与文化意识的重要形式。维果茨基认为青少年心理发展是社会经验的获取过程。无论是文化意识还是外语语言基本能力，抑或是思维品质的培养，都必须最大限度接近于现实生活情境的教学设计，这样才能快速且高效地培养学生形成意识能力和思维品质。

在外语教学中，培养文化意识的情境教学的基本出发点，主要有以下四个方面：第一，设置情境教学，必须切合主题与文章语篇的文化背景和文化内涵。第二，情境教学必须基于学生现实情境，不能与时代脱节，情境设置可以适当关注当下热点。第三，情境教学的出发点，应当符合学生现有的外语水平和认知能力发展水平。第四，情境构建应当在调动学生已有知识经验基础上，发挥学生的主动性和创造性，激发学生的探究欲望，引导学生参与教学活动。

一方面，主题情境教学中情境创设必须依托于文章主题与相关的文化背景，采取多模态语篇选择与运用形式，为学生创设生动而真实的情境，让学生感受文化氛围；另一方面，在主题情境教学中，教师引导，让学生不断操练习得的语言知识，练习表达方式，将语言知识应用于与现实相似的情境之中。

即便社会生活中的语言情境五花八门，但其可以归纳为"人与自我""人与社会""人与自然"三大类别。这三大类语言情境之下可细化出大量的情境主题，如图2-3所示。

语言情境分类

人与自我

人与社会

人与自然

家庭、朋友、健康、兴趣、
职业、住所、相识、会面、
做客、度假、旅行、运动、学习等

同学、老师、学校、班级、
家乡、祖国、城市、交通、
餐饮、购物、媒体、网络、
历史、文化、文学、艺术、
传统、习俗、教育、经济、科技等

气候、季节、植物、动物、
山川湖泊、森林河流、生态环境、
航空航天等

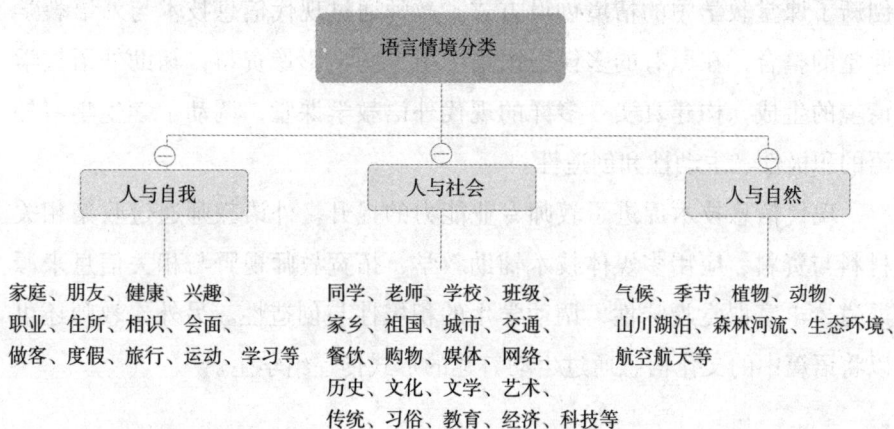

图 2-3 语言情境分类

教师应设置与现实较为相近的情境，引导学生在这一情境中练习语言沟通与表达能力，促进学生进一步理解情境中蕴含的文化知识。

教师应在外语教学的组织与实施过程中，创设真实情境，调动学生参与的积极性，引导学生主动参与，体验探索和合作，从而促进学生形成创新与合作意识，同时达到外语教学的效果。

（四）利用新媒体与现代技术培养文化意识

新媒体工具与平台不断革新，引发教育发展信息化。教师一方面可以利用新媒体技术，对原有课程资源二次开发；另一方面可以利用新媒体技术开创课堂教学新模式。

随着新媒体工具与平台的不断发展，学生可以在社交平台上收听外语歌曲，观看外文电影，甚至通过其他电子材料、社交媒体等方式，了解更多外国的文化信息。学生通过新媒体工具在互联网上与外国学生进行信息交流，这为学生通过新媒体工具学习外国文化、自主探索相关文化资源提供了可能。

传统教育与现代信息技术相融合后带来了翻天覆地的变化。比如，创新了课堂教学中的情境创设方式。教师通过现代信息技术与外语教学课堂的整合，在原有的多模态语篇中引入图文影像资料，辅助外语教学情境的生成，构建真实、多样的现代外语教学课堂，调动了学生学习外语的积极性、主动性和创造性。

现代信息技术促进了教师专业能力的提升。外语教师通过收集相关材料与资料，应用多媒体技术辅助教学，拓宽教师视野与相关信息来源渠道，丰富课堂趣味性，调动学生的积极性与创造性。另外，教师还可以将语篇中的文化信息通过生动有趣的形式传递给学生。

（五）利用课外活动培养文化意识

培养学生的文化意识不能局限于课堂教学，通过丰富多彩的课外活动同样可以培养学生的文化意识。课外活动是学生提升学习效果、培养文化意识的一个重要环节。外语学科的课外活动是对课堂教学自身的延伸与实践。在课外活动中，外语教师可以应用互联网布置任务，通过微信群增加沟通频率，利用学习软件为外语教学增效。

第三节　外语教学中的交际能力培养

一、交际能力概念界定

交际是指人与人之间的交流，包含信息的传递、语言的沟通，甚至包括非语言的信息交流。相较于母语的交际行为，外语交际更为复杂，不仅交际双方存在母语与目的语之间的语码转换与重构的问题，还受到交际双方文化、语言使用环境等多因素的影响。

外语交际能力是指通过外语进行社会交际的能力。我国主要将知识与技能两方面作为外语交际能力的衡量标准。一方面，知识指的是外语语言基本知识，语言知识是交际的基础；另一方面，技能指的是应用语言知识的能力，大致可以按照听、说、读、写、译五个方面加以划分。

二、交际能力培养依据

交际学是一门集心理学、教育学、语言学、社会学等多门学科于一体的交叉学科。交际学为外语教学培养学习者的交际能力提供了思想和理论基础。

（一）语言是情境中的交际

1. 生态语言学

豪根（Haugen）提出，生态语言学即生态学和语言学的交叉学科，研究的是语言及其环境之间的相互作用。语言受到客体、主体和环境等方面的影响，与其他因素共同构成一个完整的语言生态系统。

生态语言学的出现，改变了原有处于长期分化状态的外语教学。它是一门系统综合的科学，关注环境与语言之间的关系，强调各因素之间相互依存、和谐共生。生态语言学在维护人与环境和谐发展的思想指导下，将学习外语的人作为培养的出发点，考虑整个语言教学生态系统中各个要素的关系与内在发展规律，试图建构和谐的课堂生态环境。

生态语言学下的各个成员都具有发展性和合作性的特点，成员之间需要相互支持，相互依赖，合作共赢。

2. 社会学视角下的语言观

社会学视角下的语言观指的是从社会学角度进行分析的语言学理论，它强调语言的交际性。语言产生于交际行为，并对交际行为不断概括，逐渐成为一种社会交际工具。语言结构是随着语言的使用而产生的，这体现了其交际工具的社会性。

（1）语言知识的形成来源于人们对语言的使用。语言成分的使用频率，决定了人脑能否将该语言成分以构式形式储存在头脑之中，成为语言知识。每当人类使用语言成分后，人脑中对应的意象图式就会被激活一次，在多次使用后，头脑中的意象图式被反复激活，达到一定的频率之后，语言成分固化，形成形义配对的构式。比如，open，the，door 这是三个本身不存在联系的词汇，但是这三个词可以应用于各种交际场合，使用频率增加，强化了形式和意义，最终这三个词会以习语构式的形式留存在人的语言记忆库中。因此，人们对语言的反复使用，形成了语言知识。

（2）学习语言知识的目的在于语言的使用。语言的最终目的就是用以交际，为实现交际目的，人们以语言为交际工具进行人际交往。

人类的交际行为发生在不同的社会环境中。情境也可称为环境，在交际理论中称为交际环境，指的是整个社会环境，其中包含语言环境、校园环境、课堂环境等，甚至文化学意义上的软环境也被囊括在内。

不同的语境下，人类对环境产生不同的理解，交际双方激活头脑中的百科知识，应用对应的构式完成交际。以 cool 为例，这一词带有"帅气""很棒""凉爽"多重含义，具体是什么意思，还要在具体的语句中分析。"You are cool." 既可以翻译为"你是帅气的"，也可以翻译为"你很棒"，通过交际语境才可以进一步判断选择哪一种翻译。

从社会的角度看，语言作为一种社会性交际工具，实现了人们在社会交往中交流使用的目的。社会学角度下的语言观强调实用性与功能性，强调语言在社会生活使用过程中，语言的最终目的是实现交际。

外语教学往往缺乏使用环境，使语言从习得到最终实践的过程缺少一环。为弥补所缺少的语言环境，外语情境设置主要包含有意义的情境和交际情境两大类：有意义的情境旨在帮助学生促进语言形式和语言意义的联结；交际情境则应尽量还原较为真实的生活情境。

（二）交际语言教学观形成溯源

1.社会背景

交际语言教学观起源于 20 世纪 70 年代，当时欧洲谋求共同发展经济、政治、文化，欧洲各国出现集中化趋势。国家之间的经济与文化交流日益紧密，因此欧洲各国人民出于日常交流、旅游、经济贸易需要，出现对他国语言的学习浪潮，用于信息沟通与交换。欧洲国家众多，语言种类繁多，经济、文化、政治的沟通需要精通多国语言的语言人才，在这样的背景下，交际语言教学观得以孕育并发展。

2.语言学发展背景

研究交际语言教学观的形成，必须首先研究交际语言观的语言学形成基础。传统语言学是将语言的形式、规则和结构单独考虑，不与社会因素相连。这一时期的结构主义语言学和转换—生成语言学都持相似观点，具体如表 2-2 所示。

表2-2 传统语言学派关于社会的观点

语言学流派	代表人物	研究重点	关于社会的观点
结构主义语言学	布龙菲尔德	研究语言的形式、规则和结构	把语言的社会功能排斥在语言研究之外
转换—生成语言学	乔姆斯基	研究语言的形式、规则和结构	研究脱离语言使用环境

由上表不难看出，传统语言学关注语言结构本身，忽视了与社会环境的联系。语言具有社会交际功能，语言受社会环境影响较多，甚至语言会因为社会的变迁而不断发生变化。因此，割裂语言与社会的关系，忽视了社会环境对个人社会交际能力的影响，也忽视了语言具有的社会属性，这与欧洲各国谋求国家间的交流沟通的需要也是背道而驰的。

研究语言的交际功能，首先要明晰社会交际过程具有哪些特点，再根据交际特点，聚焦语言学。社会交际过程主要有以下五大特点，如图2-4 所示。

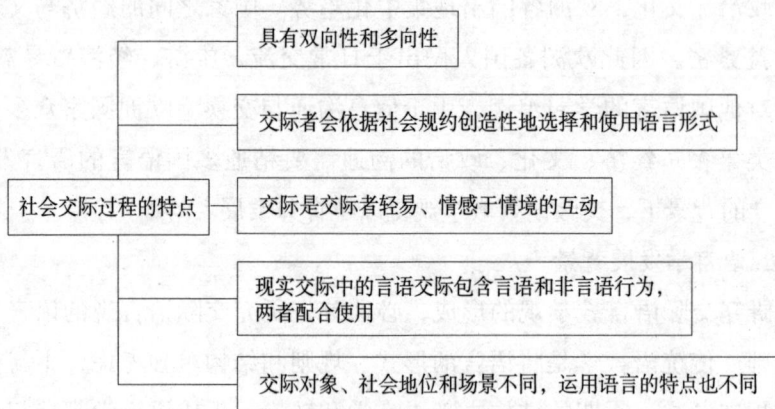

图 2-4 社会交际过程特点

1976 年，英国语言学家威尔金斯（Wilkins）提出的意念—功能大纲正式确立了交际语言教学观在语言教学中的地位。之后许多语言研究专家著书立说，为交际语言教学观的形成做出了重要的理论贡献。众多学者也从理论指导实践的角度探讨了交际语言教学思想在课堂教学中运用的方法，为一线教师提供了教学思路。

（三）语言能力是社会交际的前提

上文论述了语言学习必须蕴含社会交际属性，同样，语言能力也是具有交际属性的语言基础。能否合理运用语法知识、语篇知识、词汇与语法知识都是培养学生交际能力的语言基础，因此仅仅关注语法知识本身的外语教学终归会被时代淘汰，这种教学方式只侧重于语言规则本身，是不利于培养学生的交际能力的。

1. 整个语篇的构成与解读

语篇主要是指阅读和书面写作两大部分。事实上，无论是口头交流还是书面交流，任何语言的理解都不能脱离具体的语境，不能单独使用句子，而是必须将其置于大的语境之中。文章语篇中的单词与单词之间或者句子与句子之间存在语义上的连贯与衔接。

无论句子长短，只要句子起到交际作用，该句就具有篇章性。句子的篇章性往往与句子使用者之间的关系有关，交际者身份、对交流信息的态度、交际的目的等，都是在一定的语境下，将句子的形式和意义相结合，赋予句子交际意义。

因此，外语初学者如果只是学习单独的句子的确不具备交际作用，它往往仅仅是熟悉句子结构的一种手段，通常初学者主要掌握的还是句子的字面意义和结构意义。但是，从长远角度看，只要句型练习不是"棕色的牛坐在树上吱吱叫"① 这种毫无意义甚至荒谬至极的句子，它仅仅是因为较为复杂可以起到训练效果，但是丝毫没有交际价值，而诸如"这是一个……"的句子可以在真实的情境中使用，便具备了交际作用。

教学语篇越接近社会生活，因为相似度高，学习者便越能通过文章的语言文本中蕴含的交际意图，获取相应的交际意义。

2. 语言交际模式

在语言交际过程中，语义包含明说与暗喻两个部分。无论是明说还是暗喻，两种表达方式都是交际者用于表达交际意图的手段，明说往往是表达形式与语义相匹配，接收者可以仅凭对语句表面意思的解读，获取相应的语言信息。暗喻往往需要在交际的语境基础上，对句子蕴含的意义进一步深入推理，站在说话人的角度，才能推理出说话人在语境下所蕴含的意图与内容。下面以英语教学为例，简要分析暗喻中蕴含的意图。

Alice: Would you like to have dinner with me tonight?

Lily: I...I...I...I will visit my doctor tonight.

根据这个对话，仅仅分析句子意思，这个例子似乎是一个答非所问的对话，但是通过对句子交际双方的交际意图深入探析则会明确这段对话所蕴含的深意。

Alice 与 Lily 在对话过程中，都站在各自的立场上表达出了自己的交际意图。首先，Alice 的"Would you like to have dinner with me tonight?"

① 章兼中. 国外外语教学法主要流派 [M]. 上海：华东师范大学出版社，1983：11.

这句话就是明说，有很明确的邀约之意，是 Alice 想要邀请 Lily 今天晚上共进晚餐。但是在 Lily 的回答中，Lily 连续三次重复主语，并非 Lily 口吃，表达不明，而是 Lily 用这种口吃表达自己的委婉拒绝之意。Lily 在面对 Alice 的邀请时，表现出自己的支支吾吾，并说明自己已经跟医生约好，很明显是难以接受 Alice 的邀约，由此表达的是一种婉拒。

当然我们可以大胆猜测，对话双方是明白对方的意图的，双方结合表达信息以及语境之间的相关性，实现语言认知与语言蕴含信息之间的关联。两者之间的关联较好时，语境效果较好，这就是一种带有目的性的活动，传递了交际者想表达的真实意图。

因此，语言交际模式就是根据交际者的一定意图进行的一种带有目的性的活动。交际双方需要对语言进行编码—解码的过程，也需要个人认知能力参与其中。

三、交际能力培养路径

上文已经就语言学与社会交际关系进行论述，因此，当教学割裂语言与意义之间的联系时，学习的语言就会缺乏交际意图，这样的语言只是文字与符号，并非可以培养学生综合能力的有意义的外语。

（一）语境创设

教师通过教育手段，为学生提供多样的课程资源，为学生提供尽量多的语料和学习手段，科学、恰当、合理地提高教学效果，尽可能多地为学生提供得体的语言形式以及提高成功表达交际意图的可能性。教师应创设与日常生活情景相近的教学情境，关注传递、交换、协商有意义的信息，并且在有意义的信息传递过程中规范语言的准确性。

语言能力与交际能力都是外语教学中的重要内容，两种能力不可偏废，即不能仅关注外语的语言结构教学，忽视交际能力的培养，导致学生的语言能力受到限制。当学生的交际能力得不到培养时，外语学习就忽视了语言的交际功能。若只关注交际能力的培养，忽视外语的语言结构教学，则会导致学生的语言能力得不到有效提升，因此，外语教师应尽量兼顾培养学生语言和社会交际两项能力。

（二）关注意义协商和意义建构

语言交际往往需要疑问、假设、验证、推理等多个协商过程，确保双方的顺畅交流，实现信息传递、信息交换和信息协商，这一互动交际就是意义协商。

意义协商是互动理论的核心思想内容，同时意义协商是交际教学的前提，因为意义协商有利于语言学习。首先，学习者通过意义协商，可以在协商过程中关注自己的输出是否正确，是否如实表达了自己的交际意图。学习者自觉将交际对象反馈的信息与已有的语言图式进行对比，积极审视，可以推动语言形式的内化。其次，意义协商强调语言的输入与输出，关注交际双方的信息交流与反馈，学习者可以在这一过程中不断地到达自己的最近发展区，不断前进与发展。另外，意义协商有利于学生关注交际双方的互动与反馈，帮助学习者关注自己与他人的差距，明确自己的短处，弥补自己的不足。

如果说意义协商是交际教学的前提，意义建构就是外语教学中交际能力培养的最终归宿。学习者在已经关注意义协商的基础上，完善新的知识体系，不断发展自我的思想，构建出新的思想。如果说在社会交际中，学习者以已学习的语言知识为材料，与其他学习者通过意义协商的形式共同搭建了外语语言的"脚手架"，那么他们要利用这个"脚手架"相互帮助，共同建构意义，勇攀外语交际的高峰。

第三章　语言、文化与外语教学

第一节　语言与文化的关系

一、文化与语言的联系

研究文化教学与语言教学的第一步就是先研究语言与文化之间的关系。正如 19 世纪德国语言学家洪堡（Humboldt）曾经表述的那样，一个民族的语言就是这个民族的内在精神，民族的精神体现在语言之中，语言与本民族文化之间存在必然的重合点。语言孕育于文化之中，语言与文化之间存在一定的交叉互融关系。我国邢福义、陈建民等专家学者都曾经就语言与文化的关系表示，语言与文化是包含与孕育关系，甚至将语言与文化视作一张皮的两面，因此语言与文化的关系不但可以从这两个方面展开研究，还可以展开双向交叉研究。从上述学者的研究成果不难看出，语言与文化之间存在着密不可分的联系，语言是文化的载体，文化是语言的内在底蕴，两者密不可分，不可单独存在。①

语言作为文化的一部分，语言与文化之间存在必然的交叉与融合关

---

① 李柏令 . 走下神坛的汉语和汉字 [M]. 上海：上海交通大学出版社，2017：186.

系，但是语言与文化之间的交融点仍需进一步探究。下面通过三个方面对文化与语言的交融点进行深入分析，如图 3-1 所示。

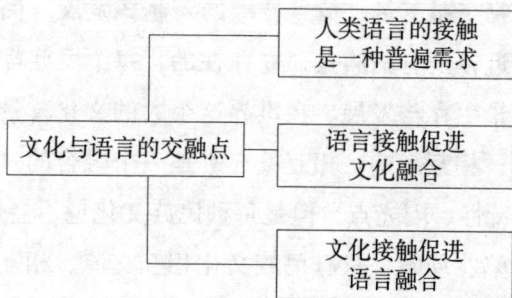

図 3-1 文化与语言的交融点

- 文化与语言的交融点
  - 人类语言的接触是一种普遍需求
  - 语言接触促进文化融合
  - 文化接触促进语言融合

图 3-1 文化与语言的交融点

（一）人类语言的接触是一种普遍需求

人作为一个活动的个体，出于相互联系，相互交流、往来的本能，促使不同文化之间的人民各自使用本民族语言传递自己的文化，实现相互之间的交流与影响。

语言之所以不断演进、不断发展，其中一个重要原因就是受到了其他民族文化的影响。在不同民族交流过程中出现的语言接触，主要包括两个方面：一方面，语言自身的接触变多，带来语言本身的变化。比如，语言中舶来语的产生、词性的变化、语法的变化、语言形式的混合等，这些都是两种语言相接触时，有可能产生的语言自身发生的变化。另一方面，搭载语言这一载体的文化发生变化。语言传递的文化往往包含国家、社会、地区的意识形态、政治、经济等方面的内容，所以语言与语言的碰撞过程，本质是文化与文化的相互影响过程。

不同的语言通过相互接触会产生两大影响：第一，语言之间的接触带来了语言自身的完善与发展，促进了本民族语言的发展。第二，文化的接触会产生相互的影响，最常见的影响就是两种文化出现融合现象。

纵观古今世界文化发展进程不难发现，文化是一个民族发展之魂，正是每个民族拥有与众不同的文化内核，民族的特色才得以凸显，因此民族文化才是这个民族赖以生存和发展的基础。

然而，伴随着交通工具、信息技术的跨越式发展，民族与民族之间的距离被大大拉近，没有民族是孤立存在的，每个民族都必须依赖世界这个大的文化背景生存与发展。在世界这个大的文化背景下，不同的民族文化相互渗透、相互影响、相互补充，是一个融合的过程。本民族的文化必然具有独特性、闪光点，但是每种民族文化也不会是尽善尽美的，也都有一定的缺陷、局限。只有民族文化相互交流、相互渗透、相互融合，才能真正做到取长补短、突破限制，在世界民族文化之林中处于不败之地。文化碰撞的过程一方面是不断地以本民族文化的视角解读对方文化的过程，另一方面也是在对外交流时不断审视自身文化并且不断完善、提升本民族文化的过程。正是语言相互接触带来文化碰撞、文化融合，文化才能向更高层次发展。因此，人类语言的接触是一种普遍需求，是一种文化向更高层次发展的需要。

（二）语言接触促进文化融合

语言是一个民族在认识世界、形成一定的思想之后，用于传递思想、传达情感、传播信息的载体；是人民建构思维与文化后，认识与改造世界的必需工具。语言是社会群体与社会群体之间文化认同必然存在的媒介，不管是口语的形式还是较为正式的书面语，都是说话者在社会中通过语言接触传递思维、情感、信息的工具。

中国人乐于阅读世界经典名著早已成为一种汲取世界文化的常见手段，与此同时，孔子学院走向世界，越来越多的外国人乐于了解中国文化，来到中国。这也证明，语言接触带来文化的接触，文化之间的交流也将日益深入地促进文化融合的广度和深度。

（三）文化接触促进语言融合

语言中蕴含文化的象征意义，语言难以脱离文化而孤立存在，因此，无论是语言中的词义还是句法等方面必然蕴含着文化，文化作为语言的表述核心内容，不仅制约着语言的形式变化，也在不断丰富语言的文化内涵。

语言具有文化的特征，语言是人类进化历程中产生的精神财富，是文化的一部分，是社会特有的一种传递文化的工具。语言正如一面镜子，反映出不同国家、不同民族的文化特点。不同民族的文化特征不同，反映出的风俗习惯和思维特点各不相同。以亲戚称谓为例，英语中的 uncle 和 aunt 两词可以代指所有父亲和母亲平辈的亲戚。然而，转为汉语，uncle 一词可以翻译为"叔叔""伯伯""舅舅""姨父"等词，aunt 一词可以翻译为"姨""舅妈""伯母""姑姑"等词。中文中关于亲戚多样化的翻译背后，是中国特有的宗亲文化的体现。

二、语言对于文化的作用

（一）语言是文化的载体

首先，文化的载体是多样化的，其中自然包括语言、音像、实物、视频、文学、艺术、建筑等。文化与其载体之间是相互渗透、相互依存的关系。语言作为文化最重要也最常见的一种载体，对文化的产生、存在、发展和传播、传承都起到了重要作用。语言产生之后，才有了文化的产生和发展，没有语言的文化是不存在的。语言见证并记录了文化的演变，因此是研究民族文化发展的重要途径。通过研究语言，人们可以了解一个国家或民族意识形态的演变、思想观念的继承以及思维模式的运转。我们说语言是文化最重要的载体，有以下几点原因。

（1）语言能够体现语言创造者和语言使用者的知识水平和文化水平。

人类习惯利用语言文字记载本民族的历史、经验和其他文化，并传给后代。

（2）语言能够体现语言使用者所处社会的生产力水平和生产关系、社会关系、阶级关系。

（3）语言能够体现语言使用者的生活方式和行为准则。

（4）语言是人类思维的载体，是人类自身的一个重要组成部分，它沉浸于人类的思维变化之中。

（5）语言能够体现语言使用者的思维模式和思维内容。

（6）语言能够体现语言使用者的情感模式和情感指向。

（二）语言是文化的风向标

语言是文化的风向标，主要体现为语言在一定程度上引导着文化。不同的文化面对相同或不同的客观现实，会创造出不同的语言，语言可以引导人们认识、了解其他文化，是接触和改造外部世界的方式之一。人类的文化身份和使用的语言之间不是一一对应、固定不变的，但语言能敏锐地捕捉到语言使用者与所处社会之间的关系。在同一时期不同社会群体之间，语言的表达和语言的质量是有差别的；在不同历史时期，语言的表达更是体现出不同的要求和状态，例如，早期人类的语言肯定没有现代人的语言这么丰富、精彩、有逻辑、成系统；生活在偏远森林地区的土著人的语言，也没有生活在信息资源丰富的城市地区的现代人的语言那么深厚、有内涵。语言对于不同民族、不同文化之间的沟通和理解具有不可替代的作用，要想了解一种语言，就必须了解语言背后隐藏的文化。

三、文化对于语言的作用

（一）文化为语言的发展提供温床

文化是语言产生和发展的温床。没有文化，语言就不会存在，就失去了发展的条件。语言与文化一起体现了民族的思维方式、思想信念和行为准则。

随着时代的发展和社会的进步，人们的生产、生活方式跟以前相比都发生了巨大的变化，今天的世界是一个日新月异、充满变化的世界。与此相对应，服务于社会群体的语言也在发生着肉眼可见的变化。这种变化体现在语言的表达上，如有的人说话喜欢中英文混用："他这个人真的很 nice。"

有的人因为没有完全掌握英语的思维习惯和使用方法，在与外国人交谈的过程中会使用中式英语："The price is very suitable."

语言的变化不仅体现在表达方式上，也体现在各个领域因为新事物的产生而出现的新词汇上，如微信、抖音、快手等手机软件中经常出现的新词。此外，还有一些网络上流行的表达方式，有些是将原来的一些表达缩写创造出新的词语，有些是组合几个词语的含义创造出新的词语。例如，不明觉厉、喜大普奔等。

（二）文化制约语言的运用

语言的选择和运用受到语境的影响，语境是语言生成和理解的先决条件，而文化又是语境最主要的组成部分，所以说语言的运用受到文化因素的制约。不同时期的文化不断地将当时的文化精髓注入语言之中，因而文化是促进语言更新换代的推动力，是语言表现的基本内容。文化的发展与变化制约着语言的选择和运用。例如，汉语中的"小姐"一词，在中国古代封建社会制度下指的是贵族家中的女儿；封建制度结束后，曾用来泛指未婚女性；但随着文化环境的变迁，该词的词义也变得逐渐贬义化，"小姐"一词有了特指的群体范围。现在人们多用"女士"一词称呼女性，更现代化的称呼还有"美女""小姐姐"等。

除此之外，文化对语言运用的制约还体现在文化在一定程度上制约着语言使用者的思维方式和表达方式。例如，中国古代文明的发源地之一、位于黄河中下游的中原地区当时以农耕为主要生产方式，而"牛"这一动物是生产活动中的重要工具，因此"牛"与人们的日常生活关系密切。这种关系在语言中的表现就是汉语中产生了很多带"牛"字、与"牛"的表达相关的词语，如吹牛、牛脾气、牛角尖、九牛一毛、牛头马面、牛气冲天、牛郎织女等。而"马"作为西方人生活中十分重要的动物，英语中就产生了与"马"相关的一系列短语表达，如 horse sense（基本常识）、horse around（嬉闹）等。

综上所述，语言是文化的一部分，语言时刻反映着文化，文化需要语言来传播和传承，语言与文化相互作用，相互影响。语言不能脱离特定的文化而单独存在，文化的传播与发展也离不开语言。因此，语言与文化相互依存，密不可分。

第二节　语言对比与外语教学

本节将以汉语与英语两种语言为实例，从语音、词汇、句法、语篇对比，并就语音、词汇、句法、语篇这几方面的外语教学进行深入探究，阐述语言对比与外语教学的基本内容。

一、语　音

（一）汉语与英语的语音对比

（1）字音对比。汉语的发音单位是字，一个字一个音，发音干脆利落。大部分汉字语音由"声母＋韵母"的方式拼合而成。

就其发音来说，大部分英语单词都是多音词，也就是包含两个以上的音，英语的词是可以独立存在的最小语义单位，英语中的词由一个或多个字母拼写而成。英语中存在的大量双音节词和多音节词的发音就是由一些基本音节互相交叉组合形成的。

（2）音调对比。汉语一般是一字一调，汉语属于声调语言，其声调变化通过四声表示，即阴、阳、上、去四调，也可称为一声、二声、三声、四声，其中前两声是平声，后两声是仄声。通常情况下，汉语都是一字一调；部分汉字因为其一字多义而导致一字多调。例如，"数"字，用作动词"计算"时，读"shǔ"，比如"数清楚"；用作数词，义同"几"，读"shù"，比如"数千元"；用作副词"屡次"，读"shuò"，比如"扶苏以数谏故，上使外将兵"。

英语属于语调语言，因为其音高起伏而形成的旋律模式与短语、句子的发音是紧密结合的。英语中的单个词语并无声调的差别，声调只体现在短语和句子中间。英语中的语调分为三种，即平调、升调和降调。通常情况下，句子的前部、中部或者不在句尾的短语读平调，句子尾部则读降调或者升调。

（3）发音规律对比。从字词、语句的发音规律来看，汉语采用的是"胸律动"模式，也就是根据音节长度的规律，以音节的拍节吐字发音。汉语语音的轻重不体现在每个单字中，而主要体现在句子层面，一般一句话中想要突出强调的信息会重读。例如，"哪辆自行车是你的？"这句话中，"哪"字表示疑问，需要重读；而在汉语句子中，尤其是句尾的助词、叹词等一般都作轻读处理。例如，老师问学生："听明白了吗？"句尾的"了"和"吗"均为轻读音。而在一些叠音词构成的称呼语中，如"爸爸""妈妈""爷爷""奶奶"中，一般第二个字要轻读。

从字词、语句的发音节律分析，英语发音属于"重音律动"模式，该模式的特点是遵循句子重音复现的规律，以重音为节拍吐字发音。因此，虽然英语发音没有平仄之分，但在单词层面和句子层面却有轻重音之分。例如，在句子层面，每一个句子都有一处或多处句子重音，如"John works very hard in the company." 一句的句子重音就分别落在 John，works，hard 和 company 上，very 若不强调通常不重读，其他几个词是非重读音节，一般一带而过。

（二）英语的语音教学

语音教学主要是为了满足人与人的交际需要，英语教学通常将语音教学融入口语教学之中，实现语音教学效果最大化。因此本部分主要谈语音融入口语教学之中的英语教学方法。

1. 模仿教学法

语音教学的最终目的是实现学生的有效输出，因此语音教学的第一步就是培养学生的模仿能力。在语音、语调、停顿等方面，教师需要提醒学生，并且引导学生模仿。例如，教师朗读一个句子，或者播放录音中的一个句子，学生在聆听几遍之后，尝试模仿输出，教师针对学生模仿的句子点评与纠正，以正面鼓励为主，以使学生树立自信心，敢于大声说出英语。

当学生的语音水平有一定累积之后，教师可以指导学生自主对某些句子标出重音、停顿、意群、升降调等，学生在朗读句子时可以根据标记主动调整自己的语音、语调，读出优美流畅的英语。

2. 提问训练教学法

语音教学常常遇见的教学瓶颈就是，学生不敢说，没机会说，由于教师在课堂设计中大部分安排的是教授的内容，学生在课堂上主要是听、记、背、写。即便是教师教授了语音知识与常识，学生也没有机会说，没有机会练习，这样语音知识就不会内化为学生自己的能力，学生在口语输出时就不会主动应用这些语音知识，长此以往语音知识停留在脑海中，并未真正服务于日常沟通交流。

首先，提问与回答不是一个单项能力的考查，而是对多种能力的一种综合考查。提问时涉及的知识面不会仅限于课文本身，而是针对所教授课文的内容、观点、句型、词汇、语音的综合考量，提问者若想提出高质量问题，必须对文章有全面的把握；回答者若想完美应答，也必须就这个问题回归文章，从文章的内容、观点、句型、词汇、语音几个方面综合考量答出正确答案。除此之外，对于回答的学生而言，这不仅训练了学生的英语语言能力，也训练了学生的应变能力，是对学生综合能力的培养。另外，设置提问训练环节无疑是对教师课程安排的一种新挑战，教师必须针对课程安排留出足够的时间，学生可以开展提问训练，无疑这种教学法倒逼教师精简课程内容，促进教师优化教学流程。

3.综合教学法

学生的语音和口语掌握程度较好时，教师可以采取综合手段，训练学生将语音知识融会贯通，口语表达逐步实现连续表达，而非单个词汇或者单个句子的输出。

教师在设计教学活动时，应当按照循序渐进、由浅入深、由易到难、由表及里、层层递进的流程设计开展。在学生外语学习的初级阶段，目的是让学生把注意力放在语言要素方面，因此教师应当设计较为简单的任务，在学生具有了一定的语言应用能力后，再增加教学活动的难度，提升学生的语言能力。

教师布置的教学任务包含复习、预习活动，要求学生将课文的内容、课文的观点、课文的写作特点、课文蕴含的寓意等方面总结后主动输出。这一方面练习了语音和口语能力，另一方面也是一种综合英语能力的展现。学生在这个过程中需要了解语言本身，从语篇角度讲解，甚至需要结合自身的理解，输出课文中没有的内容来完善自己的答案。

二、词　汇

（一）汉语与英语的词汇对比

1. 构词方式对比

汉语和英语的构词方式多种多样，由于篇幅所限，此处只介绍三种主要的构词方式，即词缀法、缩略法和复合法。

（1）词缀法。词是由语素构成的，语素也可以称为词素。词素分为两大类：词根和词缀。其中词根是词语结构体的基本组成部分，意义比较实在；词缀是词语结构体的附加部分，通常没有具体的意义，主要起构词作用。词缀法就是在词根的基础上添加词缀构成新词的方法。

汉语中词缀法主要是以表示意义的词根为基础增加词缀。与英语词缀相比，汉语中词缀的数量是比较少的，且添加词缀的情况不止一种。具体分析，汉语中添加词缀进行构词的形式主要有三种，分别是添加前缀、后缀以及中缀。

词缀法是英语构词法的核心，英语中的词缀法主要有两种，即前缀法和后缀法。据统计，英语中的前缀约有130个。按照意义划分，英语中的前缀又可大致分为九类，即表示否定、表示贬义、表示方向态度、表示时间、表示反向或缺失、表示程度、表示方位、表示数的前缀，以及其他前缀。

（2）缩略法。造词法中的缩略法简单来说就是对字或者词进行缩略或者简化。

汉语中的缩略造词法主要有四种，即选取式、截取式、数字概括式和提取公因式。其中选取式和截取式是最常用的两种方法。

英语中的采用缩略法构词的方式也比较常见，总结起来有四种常见的类型：节略式、字母缩合式、混合式、数字概括式。

（3）复合法。构词法中的复合法是指运用两个或两个以上的字或者词根据一定的排列顺序构造新词的方法。

汉语的复合构词法能构成名词、动词、形容词等词类，汉语词语由词素构成，构词的分类不是从词性角度区分，而是从词素之间的关系区分，即动宾关系、主谓关系、并列关系、动补关系、偏正关系等。

复合法是英语中一种重要的构词法。根据复合词的词性，英语复合词可以分为三种，即复合名词、复合动词以及复合形容词。其中复合名词又是英语中最常见的复合词。复合名词的构成形式包括名词＋名词、动词＋名词、形容词＋名词、副词＋名词、介词＋名词、–ing＋名词等。

2.语义关系对比

对比汉英词语的语义可以发现，汉语词语和英语词语的语义关系主要分为以下四种情况。

（1）完全对应。汉语和英语中的部分词语在语义上是完全对应的。这类词语主要是专有名词、术语和常见事物的名称，一般具有特定的通用译名。例如，四合院——Siheyuan。

（2）部分对应。汉语和英语中还有一部分词语的语义是部分对应的关系。这个问题主要是指两种语言中词语意义范围不同的问题。例如，叫——call，cry，shout，汉语的"叫"可以对应至少三个英文单词就是两种语言中词语意义范围不同造成的。

（3）交叉对应。汉语和英语中都存在一词多义的现象。其中，英语多义词的多重意义分别与汉语中不同的词或者词组产生对应，这就是交叉对应。要确定汉语中多义词的意义，需要综合考虑上下文的语境和句子想表达的含义两方面的因素。例如，英语词语 read，watch，see 与汉语词语"读""看""明白"是交叉对应的关系。

（4）不对应。受各自语言文化因素的影响，英语和汉语中的有些词语被赋予了特殊的社会文化内涵，这类词一般难以在对方的语言中找到含义相同或相似的词语表达。这一现象被称为"词汇空缺"。例如，"年画"与 New Year picture，就是完全不对应的。

（二）英语的词汇教学

外语的词汇教学，特别是英语的词汇教学，必须针对上文中提及的汉语与英语之间的差异，抓住差异点，教师最大限度地关注如何调动学生的认知内驱力，从而激发学生对英语学习的积极性、主动性和创造性。学生作为教学的主体，应该主动学习、积极学习，才能有效提高教学效果。针对词汇教学，常见的教学方法如图 3-2 所示。

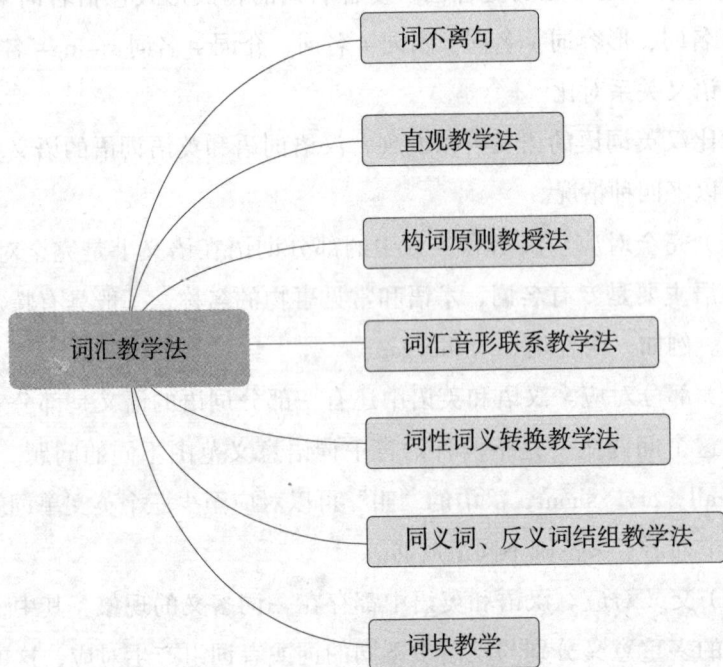

图 3-2　词汇教学常见的教学方法

1. 词不离句

传统的英语词汇教学往往是新授单词与句子相互脱离，造成学生学了单词不会用，难以灵活应用于文本之中。所谓的词不离句，则是指教师教授新单词时，不再孤立地呈现，而是主动将新单词置于句子中，教师通过教授英语句子，同时引入新的单词，当学生熟悉句子和单词之后，教师再将该单词单独呈现，反复操练，增加学生对单个单词的印象。例如，英语课堂上想要新授"dolphin"一词，教师可以巧妙地应用熟悉句式"Do you like...?"，先练习熟悉句子"Do you like banana?"再用"dolphin"一词进行替换练习，有利于学生构成先入为主的熟悉印象。

2. 直观教学法

直观教学法就是教师应用实物、图片、影片等呈现方式，同时辅以手势、动作、表情等方式直观地展现出某个实物名词、动作动词、表情动词、表情形容词等。主要目的是通过直观教学尽可能地吸引学生注意力并维持学生注意时间，促使学生参与教学活动，这样不仅可以活跃课堂氛围，也能激发了学生的学习兴趣。

3. 构词原则教授法

上文提及，在英文单词构成中，词根、前缀、后缀是构成单词的三大重要元素，因此教师应教授学生构词的相关原则，学生凭借这些构词原则，可以归纳总结，扩大词汇量。除此之外采取该模式教学，学生也可以对一些单词有更加深入的认识与了解，明晰词义，有效背诵单词，会起到事半功倍的效果。

4. 词汇音形联系教学法

英语中，单词的读音和拼写往往是存在一定联系的。因此，英语词汇教学的首要之举就是确保学生的发音正确，然后教师教授语音音素，教授元音、辅音。在此基础之上，教师引导学生关注单词的音形统一。教师反复练习学生的音形同步能力，帮助学生在大脑神经系统中建立联系条件，以使学生见形知音、听音知形，从而掌握词汇。

5. 词性词义转换教学法

有些熟悉的常见词语在不同语境中，即便词形不发生改变，词语的语义也不相同，因此学生要能够根据上下文语境，领悟单词的含义，这是准确了解句子的有效途径，也是准确理解全篇文章含义的有效策略。

6. 同义词、反义词结组教学法

英语单词中存在大量的可以表达同一概念的单词，或者表达完全相反含义的单词，采用某个词或者某个词组替换相同概念或者相似概念的词汇，就是英语中常见的同义替换。

7. 词块教学

词块教学方式重视预制词块或者多词单位的地位，强调以构式教学为中心。出现频率较高、形式意义较为固定的词与词的组合，称为"词块"。在教授词汇时，教师以词块教学加以辅助，并在教学过程中反复操练，能使学生迅速了解词汇的搭配、用法。同时因为词块在结构和语义上的整体性，学生可以通过一个词块掌握几个单词，语用作用较高。

三、句　法

句法是指句子的各个组成部分以及它们的排列顺序。汉语和英语在句法方面的差异较大。汉语和英语在句法方面的差异主要体现在基本句型、主谓结构以及句式、时态、句子构成等方面。

（一）汉语与英语的句型对比

1. 基本句型对比

英语的基本句型只有五种，即主谓句型、主谓宾句型、主谓表句型、主谓＋双宾语句型、主谓宾＋宾语补语句型。其他各种类型的长短句，如组合句、倒装句、变式句都是这几种基本句型演变而来的。与英语句型种类相比，汉语的句型种类更加丰富。汉语句子按照表意功能与表达方式划分可分为话题句、祈使句、关系句、存现句等。

2. 句式差异

汉语和英语在句式上的差异主要表现为汉语多短句，英语多长句。这种差异产生的主要原因是汉语属于意合语言，注重语义的表达，因此不同的含义要放在不同的句子中表达出来；而英语是形合语言，注重结构的完整，因此只要结构允许，不同的意思也可以放在一个比较长的句子中论述。

3. 句子时态对比

汉英句子的时态差异也是这两种语言表达的明显差异之一。汉语中的句子虽然也有语法差异，但是往往通过状语、时间短语标识出不同的时间，句子几乎不发生改变。英语的句子则是以八大常用时态为基础，变幻出不同的时态，而不同时态的句子形态会产生很大的区别。

（二）英语的句法教学

英语教学中的句法教学可以说是承上启下的一环，句法教学上承词汇，下接语篇，只有妥善完成句法教学，才能顺利开展英语教学。因为现在英语教学早已抛弃过去单个句子、单个语法练习的教学模式，开展英语的有意义教学才是新的发展趋势。常见的句法教学法如图 3-3 所示。

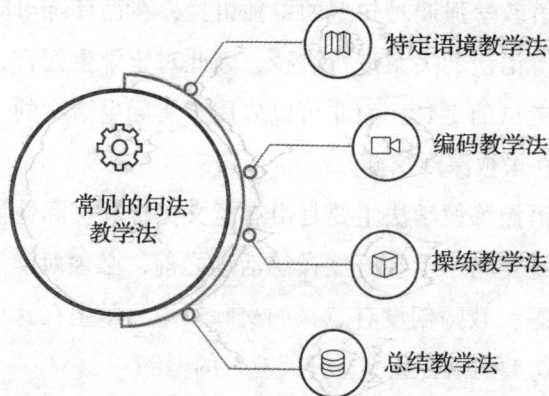

图 3-3 常见的句法教学法

1. 特定语境教学法

教师在开展英语教学时，必须考虑句型的运用语境，以及句型与环境之间的关系。教师开展英语教学活动，必须参考语境中该句型应该如何切实应用，句型功能应该如何体现在具体语境中。因此，教师创设一定的语境，引导学生在该语境中应用句型就是必不可少的内容，这不仅能加强学生对句子结构的感性认知，也能使学生在一定情境下真正地理解语言现象，并在语境下准确、得体地表达句子。

2. 编码教学法

每个句子都具备独特的结构和功能，句子中也蕴含一定的感性信息，学生表达能力是基于其理解能力的，理解是应用的前提。因此，在英语教学中，学生只有在充分地理解句子含义，具备自己的感性认知，并拥有一定的表达意图时，才会深入思考：在此种语境下，应该表达什么？如何表达？怎样依照一定的语义将想要表述的话语编码组合？怎样将零碎的信息加工成完整的语言结构信息？教师应在此时适时地引出新的句型、新的语法知识，学生出于应用的目的，自然会认真学习句型的特征与结构，以便在学习之后有效地编码输出句子。

3. 操练教学法

传统的英语教学强调对句型的单独讲授，在循环练习时，教师往往也会割裂语义、语法的关系进行讲授，因此对于学生而言，课上所学知识仅仅是应付考试的工具，而非可以应用于实际生活中的一门语言，教学的真正意义并未被深刻挖掘。

新时代英语操练教学法主要是由有意义操练和交际性操练两部分构成。有意义操练是指学生在开展操练活动之前，必须对学习内容、操练内容理解、熟悉。教师创设有意义的交际情境，学生在这个情境之下可以深入感知该句型的语言意义，开展有效的操练。

交际性操练也是一种常见的英语操练教学法。学生将已经学习的句型、语法知识恰当地转换到对应的交际情境之中，实现教师与学生的交际练习、学生与学生的交际练习。在这一过程中教师除需要创设情境之外，必须把握交际语境，把控交际练习的时效性，及时监控并指引学生正确开展练习活动。教师必须充分认识到在外语教学中经常出现学生语言知识储备不足的情况，但是学生有旺盛的自我表达欲望，这种实力与想法之间的差距，容易导致学生的自卑心理，羞于开口。教师必须积极鼓励学生尝试开口表达，促进学生自信心的建立。

4.总结教学法

教师通过应用操练教学法，往往会促进培养学生的句型、语法知识应用能力。学生在练习过程中强调实现自身的表达欲望，有时也会导致语言准确性的缺失。为了弥补这一不足，教师可以采用总结教学法，就课中学到的相关句型和语法知识进行有效的总结归纳，布置一定的口头和书面任务，巩固新句型和语法知识。

总结教学法实际上是一个语言材料的理解与再次创造的过程。教师的归纳总结于学生而言不仅帮助自己理解了语言内涵，强化了表达技能，也为自己运用语言提供了对应的表达机制。毕竟学习语言的最终目的不是为了掌握语言规则，而是有效地应用语言。

四、语　篇

学术界对于语篇的定义并无统一的标准，因为这也是一个有争议性的话题。学者胡壮麟认为语篇是指不完全受句子语法约束的、在一定语境下表示完整语义的自然语言，也就是说，语篇不局限于篇章内容的格式与大小，可以小到一个词或词组、一个小句，也可以大到一首长诗、一篇散文。基于此定义和分析，学者张德禄将语篇概括为具有意义的一个单位。本书结合以上两位学者的研究，将语篇定义为由词、词组、小句或多个句子组成的具有意义的单位。[①]

（一）汉语与英语的语篇对比

事实上，任何语篇都离不开一个共同的目的，那就是传达作者的思想感情，不同的语言用不同的方式传达，汉语和英语的语篇也是如此。本书在汉英两种语言句法对比的基础上对比了汉英语篇的构建，得出了以下结论：汉英语篇不同层次的差异是有特点和规律的，掌握这些特点和规律有利于更好地进行汉英语篇的翻译工作，能够提高译者的翻译效

---

① 杨元刚.新编汉英翻译教程[M].武汉：华中师范大学出版社，2012：210.

率。下面具体讨论一下汉英语篇在词汇层面、句法层面以及多个句子合成层面的差异。

1. 汉英语篇词汇层面的差异

段落是语篇的重要组成部分，在构成段落的词汇方面，汉语呈现出多重复、少变化的特点，英语则呈现出多变化、少重复的特点。英语词汇的这一特点是为了避免语言乏味、突出交流的多样性、丰富性。例如，在连续描述或表达自己的观点时，英语习惯轮流使用"I think""I believe""I suppose"或"As for me"等表达方式来代替单一的"I think"。相比较而言，汉语这方面的变化要求没有那么多。

2. 汉英语篇句法层面的差异

汉语和英语语篇在句法层面的差异主要体现为汉语中句子的重心多放在后边，而英语中句子的重心多放在前边。这主要是因为受思维习惯和社会文化等因素的影响，汉语在构建语篇时习惯先论证再提出观点，通过对事实的阐述得出相应的结论、对原因的介绍得出事情的结果，即句子表达重心在后。英语则完全相反，通常是先阐述观点再加以论证，即判断在前，事实在后或结果在前，原因在后。

3. 汉英语篇多个句子合成层面的差异

汉语在由多个小句组成的语篇中更注重语句之间的自然衔接与连贯。通常情况下，汉语语篇是通过使用一些小词来实现这些自然衔接与语句连贯的。汉语语篇的这一表达特征与英语语篇存在一些差异。这些差异突出表现为：汉语多例证，英语多论证。

例证和论证是指在证明语篇的观点时，通过什么样的方式证明、强调语篇的观点。在汉语语篇中，例证的作用十分明显，而英语语篇却正好相反，在证明语篇观点时，英语通常使用演绎法或归纳推理法来论证，一般只会举一个例子用来解释说明观点的合理性。例如，当用汉语和英语证明读书很重要这一观点时，汉语语篇一般是通过各种名人名言、伟人事迹来论述努力学习对取得成功的重要意义；而相比之下英语语篇则更加理性，一般会从读书是什么、为什么要读书和怎样读书才正确三个不同的角度去论证。例如，在英国学者培根的《论读书》一文中，作者首先介绍了人们为什么要读书，即读书的重要性，然后在此基础上介绍了三种常见的读书方法，论述了哪一种才是最正确的，从而引发了人们对读书的思考，达到了文章的目的。

（二）英语的语篇教学

英语教学的关键是语篇，词汇、句型教学最终是服务于语篇教学。语篇大致可以分为记叙文、政论文、描述文、释义文等文体。不同的文体应用于新闻报道、广告、学术论文等语篇中，因此英语的语篇教学应该根据文体类型组织教学，常见的英语语篇教学方法有以下几种。

1. 整体教学法

整体教学法，顾名思义，就是关注文章中心思想的解读。教师抓中心，讲重点，帮助学生梳理出文章的主线，带领学生从整体角度纵观整篇文章的构成结构与内容表达。教师可以由点及面引导学生发散思维，既能做到引导学生理解全文，也能做到由点及面，锻炼学生的综合能力，既抓大又不放小。

2. 线索教学法

与整体教学法不同的是，线索教学法通常适用于讲述个人经历、人物传记、历史事件、新闻报道、寓言故事等的记人叙事主题的语篇，具有一定的局限性。线索教学法通常关注"5W+1H"的内容，也就是 who，what，when，where，why 和 how，同时辅以时间顺序开展阅读。线索教学法虽然具有一定的局限性，但是线索教学法可以在写人叙事主题的语篇中迅速帮助学生找到关键信息，了解文章大意，甚至学生在开展写人叙事主题的写作时，可以根据线索教学法中的"5W+1H"的内容进行写作。

3. 背景知识介绍教学法

背景知识介绍教学法，主要是指中外社会历史环境存在一定的差异，通过介绍英语国家的历史、地理、风俗习惯、社会人文等背景，丰富学生的思维。背景知识介绍教学法一方面可以提高学生的道德情感，加深对材料的领悟力；另一方面也能引导学生正确地认识世界，激发学生的社会责任感和使命感。

第三节　文化差异与外语教学

一、文化差异

众所周知，中外文化差异之处众多，文化差异为外语教学带来一定的挑战，使得外语教学不同于母语教学，具有自身的独特性，本节将以"衣、食、住"三个部分为论述点，展开阐述中西方的文化差异，并探讨在文化差异存在的前提下应该如何展开跨文化教学。

（一）饮食文化差异

中外饮食习惯是由社会历史背景、自然地理环境、人文风俗习惯共同决定，中西方饮食文化差异主要表现在以下五个方面，如图 3-4 所示。

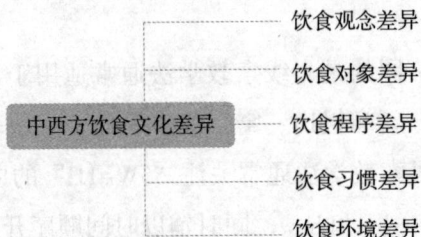

```
                              ┌─── 饮食观念差异
                              ├─── 饮食对象差异
        中西方饮食文化差异 ────┼─── 饮食程序差异
                              ├─── 饮食习惯差异
                              └─── 饮食环境差异
```

图 3-4　中西方饮食文化差异

1. 饮食观念差异

（1）中国饮食观念。中国人有一句古话，叫作"民以食为天"，这句话形象地体现了饮食这件事对中国人民的重要性，无论是在古代还是在现代，人们都很看重吃饭这件事。这体现在人们生活的各个方面。例如，人们如果在就餐时间碰见就会询问对方"吃了吗？""吃的什么？"等。

中国人不仅注重吃，也很喜欢组织大家一起吃。除了新人结婚时会办婚宴，办葬礼时会有相应的宴席外，遇见其他一些值得庆祝的事情也会招呼亲朋好友聚餐。例如，过生日、婴儿出生、升学、毕业等。一个人出远门大家要聚在一起为他送行而吃饭，叫饯行；一个人出远门回来也要吃饭，叫接风洗尘。

除此之外，中国饮食观念还受阴阳五行哲学思想、儒家道德伦理观念、中医养生说、文化艺术成就等诸多因素的影响，内涵丰富，影响深远。中国饮食不仅烹调技术高超，菜肴的命名也十分新奇别致，很多菜名蕴含着深厚的文化底蕴，如"东坡肉"传闻是北宋文学家苏东坡所创制的一道口味独特的红烧肉；把松仁玉米称为"金玉满堂"，意为祝愿食客财源广进发大财，把清蒸鲩鱼称为"年有余利"也有此含义；把香烤乳鸽称为"和平万岁"体现出人们对和平的向往与赞美等。

（2）西方饮食观念。西方国家对饮食是非常重视的，但饮食观念与中国相差较大。对于西方人来说，饮食是人类生存的必要手段，也是促进人际关系的交际手段；因此，即使食物比较单调，味道不是特别好，他们也可以吃下去。

与此同时，西方人还认为饮食是保持身体健康的重要手段，所以西方人对食物营养的关心要大于对食物味道的关心。也就是说，西方人更重视食物的营养成分和饮食上的营养搭配，注重食物能否被人体吸收。这是西方人理性饮食观的体现。

2.饮食对象差异

（1）中国饮食对象。中国人的饮食对象来自中国人的生存环境和生产方式，这两者决定了人们获取食物资源的种类。受中国地域环境和气候条件的影响，中国的生产方式以农业为主、畜牧业为辅，因此中国人的饮食构成中，素食，如米饭、面食、蔬菜等为主要部分；肉食，如猪肉、鸡肉、鱼肉等为次要部分。但伴随着中国经济的发展，中国人的饮食范围也在逐渐扩大，食物的种类逐渐增多，对肉食、水果的需求也逐步增长。这些都使得中国人的饮食结构越来越均衡。总而言之，中国的饮食对象是十分广泛的，也是十分感性的，这体现了中国哲学文化中"天人合一"的思想。

（2）西方饮食对象。因为西方国家大多以畜牧业为主要的生产方式，种植业较少，因此西方人的饮食构成中奶制品和肉制品所占的比重较大，谷物类农作物是辅助食物。西方人的饮食往往是高热量、高脂肪的，但人们比较注重食材本来的味道，因此西方人的食材虽然都比较有营养，但他们的制作方式比较单一，调味品比较少，他们这样吃的目的不在于享受美食，而在于保证生存需要和身体健康。

3. 饮食程序差异

（1）中国饮食程序。中国的饮食对象种类繁多，烹饪方式富于变化，再加上不同地方的人们口味不同，因此烹饪的规则、程序也是多种多样的。在烹饪时辅料的运用上，中国的厨师往往用"适量""一勺""半勺"等大概的标准去衡量；在火候的掌控上，还有大火、中火、小火、慢火、文火的区分，这些其实是没有严格的标准的，因此不同的厨师做出来的味道可能会很不一样。在烹饪程序上，很多厨师会按照自己的理解和经验调整烹饪的手段和程序，不会按照严格的标准来烹饪，这就导致中国的不同地区产生了不同的菜系。

（2）西方饮食程序。西方的饮食由于追求保持食物原材料的风味和营养，且他们吃饭的目的在于生存和交际，因此他们的饮食烹饪程序经常按照统一的标准进行。相较于中国饮食的烹饪程序，西方的菜谱整体上显得更加标准化和流程化，他们会精确掌控烹饪的时间和调料的比例、数量，这样做出来的食物几乎可以保留食物原来的味道，也正因为如此，不同的厨师可以做出相同味道的菜肴。

4. 饮食习惯差异

（1）中国饮食习惯。不管是温馨随意、规模较小的家宴，还是气氛严肃、规模较大的大型宴会，中国人都习惯围桌而坐，所有的食物无论是凉菜、热菜还是甜点都放在桌子中间。与此同时，中国人会根据用餐人的身份、年龄、地位等分配座位。在宴席上人们会互相敬酒、夹菜，给人一种其乐融融、十分热闹的感觉。这一饮食习惯符合中国人追求团团圆圆、重视集体的民族心理。

（2）西方饮食习惯。西方人用餐的目的在于生存和交际，因此一般吃饭时都是分餐制，分餐时用公勺、公筷，每个人根据自己的喜好、需要添加食物。西方人十分喜欢吃自助餐，自助餐的场馆一般布置得都十分优雅、温馨，食物按照种类依次排开，大家吃多少取多少，方便大家随意走动、互相交流。西方的这种饮食习惯体现了他们注重个体感受、注重形式与结构的民族心理。

5. 饮食环境差异

（1）中国饮食环境。中国人的饮食对象多样，一顿饭可能有几道乃至十几道菜肴，因此用餐时适宜围成一桌共食，而筷子是最主要的餐具，筷子虽然简单，但可以夹到绝大多数食物。与此同时，中国人用餐讲究气氛，尤其很多人在一起聚餐、喝酒时喜欢大声说笑，以彰显热闹的氛围，渲染欢乐的情绪。

（2）西方饮食环境。根据上文可知，西方人的主要饮食对象是肉类，又实行分餐制，因此刀叉是他们的主要餐具。他们在宴请宾客时，会营造出一种安静、优雅的氛围。在宴会期间，由于无需共享食物，因此用餐氛围相对较为安静，而为了展现良好的餐桌礼仪，刀叉在使用时也尽可能避免相互碰撞，同时，敬酒时多举杯示意或献上祝词，较少劝酒。

（二）汉英服饰文化差异

本部分将从以下四个方面分析中西方服饰文化的差异，如图3-5所示。

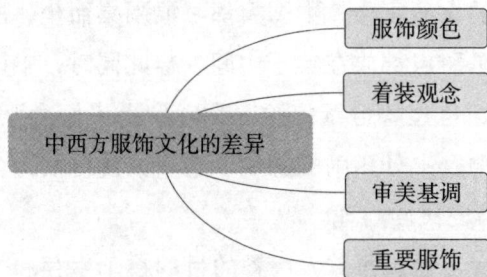

图 3-5　中西方服饰文化的差异

1. 服饰颜色差异

（1）中国崇尚的颜色。在几千年前的上古时期，中国古人曾十分崇尚黑色，认为黑色是神秘的、具有统治力量的天帝色彩，因此在夏朝、商朝和周朝天子加冕时都会穿黑色的礼服。

之后随着封建集权制度的确立，人们开始认为黄色是最尊贵的颜色，因为传说中的神龙就是黄色，而皇帝作为龙的传人，自然也要穿黄色的服饰。汉代的汉文帝首先把自己的龙袍制成黄色，之后各个朝代的皇帝纷纷沿袭这一传统。所以在古代中国人看来，黄色代表着权威、高贵与庄严。

除了黑色和黄色，中国人对红色也十分喜爱，认为红色象征着热情、喜庆。例如，中国人立了功，一般会戴大红花接受表彰；新人结婚时也会身穿红色的婚服、敬酒服，婚房内会贴上红色的对联、喜字和窗花，挂满鲜艳的红色装饰品，人们会祝福他们婚后的生活红红火火、百年好合。

（2）西方崇尚颜色。自古罗马时期，西方人就开始崇尚白色和紫色。在西方人的观念里，白色是纯洁、高雅、正直的象征。西方神话中的天使就穿着白色的服饰，长着洁白的翅膀；西方人结婚时，新娘也会穿上白色的婚纱，手捧白色的鲜花，这些都象征着婚姻的圣洁。除了白色之外，紫色也是西方人崇尚的颜色，尤其被西方贵族所喜爱。

2. 着装观念差异

（1）中国的保守观念。中国是一个有着几千年文明历史的大国，在漫长的历史发展进程中，中国的儒家思想和道家思想逐渐成为人们信奉和崇尚的主流文化思想。其中儒家提出用礼仪和道德对服饰加以规范；而道家则认为人与自然的和谐相处是世间万物发展最理想的状态，因此人的服饰也应顺应人体的需求和自然的要求。在服装设计上，儒家和道家都主张对人体加以遮盖，因为人受道德礼仪的约束，不能过度地展现自我；受自然观念的影响，服装要追求与自然的和谐统一，也不能过于彰显个性；与此同时，服装设计得十分宽松，给人以无拘无束之感。

在中国传统的教育理念中，服装规范被认为是修身的一项内容，这个理念对人们的学习和生活产生了很大的影响。中国人对服饰非常注重，其目的不在于彰显人体的个性美，而更多的是为了遵守礼仪，因此着装不仅要适合个人的身份，还要根据不同的场合穿不同的衣服。例如，在中国的小学、初中、高中，学生们大部分在校时间都穿着学校统一发放的校服，这些校服具有穿着舒适、统一的特点，学校规定学生穿校服的主要原因在于维持教学秩序、避免学生之间产生攀比心理。

到了近现代，中国引进了来自西方的着装思想和穿衣理念，人们的着装逐渐向多样化、开放化发展，但与很多开放的西式着装相比，中国人整体的服装特点还是偏向于端庄、保守和含蓄。

（2）西方的开放观念。西方人重视展现自我，强调人的个性的发展，因此在服饰上讲究追求自我、体现自我的态度和喜好。即使是传统的西方服饰，也彰显出人的身材特征。例如，男士的服装剪裁特别凸显胸部和肩部的宽厚可靠，也凸显腿部的长度和挺拔，因为这是男性风范的体现。女士的服装则凸显女性特有的曲线型身材，要求突出胸部，勒紧腰身，扩张臀部，这些都是女性魅力的体现。发展到现代，西方人更重视彰显自我、凸显个性，因此我们可以清楚地从一个人的服装、配饰方面了解一个人的个性特征和喜好。

3. 审美基调差异

此处的审美基调是指服饰设计的审美观，中国和西方国家在这方面也存在明显的差异。中国推崇"逍遥"的审美观念，其中蕴含着"气"的概念；而西方国家则崇尚荒诞的审美观，其中体现了西方人创新的审美标准。

（1）中式逍遥审美观。中国人认为的"逍遥"是一种自由、随性和洒脱的概念。"逍遥"的概念最早由中国古代哲学家庄子提出，这一概念深刻地影响了中国的审美观。在中国古代服饰的设计理念中，逍遥是"气"的自由表达与精神传达，服饰的逍遥美与"气"是紧密相连的。按照儒家思想的看法，仁、义、礼、智是人的"四德"，当人自身与外在的制度完全适应时就会产生一种随心所欲的感觉，这就是所谓的自由。

儒家思想还提倡克己复礼，认为展现个性、处处争先是违背礼法的。道家也认为，人只要保持内心气、意、神的结合，就能实现人与自然的和谐统一，就能展现人本身的美好，因此不需要太多外在的装饰。也正是因为这样的融合，才使人达到一种超出自然的逍遥姿态。因此，这种逍遥之美就成为中国服饰的审美基调，也是长期以来中国服饰的审美走向。到了当代，人们的日常穿着和审美仍然受逍遥之风、舒适之风的影响。

（2）西式荒诞审美观。在人们看来，"荒诞"是一种与传统审美标准大相径庭的形式表现，是不符合常规的一种观念。西式的荒诞与中国的和谐是正好相反的，和谐给人带来一种舒适、享受的感觉，和谐之美是人们对服饰之美的最高标准和永恒追求。那么，西方对服饰的荒诞审美观念是如何产生的呢？这主要有两方面的原因：一是伴随着历史的进程，和谐发展到一定程度就过渡到了荒诞；二是荒诞的出现满足了西方审美追求向前发展的需要。具体分析就是，西方国家在追求和谐美的过程中进入了不断重复的境地，这时就急需一种新的表现形式来改变这种状态，而荒诞恰好就是这样一种形式。

西方服饰的荒诞风格最早出现于哥特时期，之后出现的文艺复兴风格、洛可可风格也是荒诞审美的延续。但美学上的存在主义出现之后，人们才真正将荒诞风格作为一种美来呈现。荒诞是一种为了表现而表现的意识，荒诞风格中添加了很多形式感的要素，通过这些要素营造出荒诞美的氛围。

从 20 世纪 60 年代以来，西方男士受荒诞审美观的影响，对服饰风格的追求不再是具有阳刚之气与挺拔精神，而是充满柔性与颓废的因素；发展到 20 世纪 70 年代，更具有叛逆风格的朋克风、海盗风出现，再次冲击了传统的服饰风格。这些独特的造型和款式充分体现出人们的荒诞审美意识，同时充分发挥了人们的想象力与创造力，在不经意间体现出一丝可爱的味道。

到了 20 世纪 80 年代，后现代主义风格宣扬的冲突、凌乱等主题在年轻人之间掀起了一阵颓废造型的风潮；受全球一体化和文化多元化的影响，服饰的荒诞审美风格发展到 20 世纪 90 年代也呈现出多元化的特征，荒诞风格越来越成熟，越来越会利用和融合不同形式的美。

4. 重要服饰差异

说到能代表中西方特色文化的服饰，中国非唐装与旗袍莫属，西方则以西装和中世纪欧洲贵族服饰为代表。无论哪种服饰都蕴含着丰富的民族文化底蕴，体现着不同民族的审美观和个性。

（1）唐装与西装。唐装并不仅仅是指中国唐朝的服装，唐装是所有中国传统服装的统称，这主要是因为唐朝作为中国历史上最兴盛、发展最繁荣的朝代，在世界范围内有巨大的影响力，因此外国人习惯称呼中国人为"唐人"，并且将中国传统服装称为"唐装"。

唐装与西装差异明显。民国时期一般将唐装称为"本地衫裤"，上装为衫，下装为裤。衫有两类：开胸衫和大衫，其中开胸衫为平裾，胸前平均分开，领子上有七个纽扣，一般是男士穿的；而大衫则是在领子下斜襟到右边的腋下部分为开口处，然后一直垂直到腰部，一般也包含七个纽扣，大衫一般是女士穿的。但是，一些家境富裕的男士或者教书的先生也会穿大衫。

西装诞生于 17 世纪的欧洲，发展到现在已经在全世界范围内推广开来，一般男士出席正式的场合都会穿西装。西装备受人们的喜爱，主要是因为其具有端庄、整洁的特征，而且不挑年龄。西装在面料和色彩上与唐装也有较大的差别。在面料上，古代欧洲人会选择亚麻布或者半毛织物；在颜色上，他们会选择白色与紫色，但自欧洲文艺复兴运动以来，人们开始选择更明亮、奢华的颜色，如丁香色、天蓝色。

（2）旗袍与西式长裙。旗袍起源于清代旗人的传统装扮，那时的旗袍腰身平直且宽松，袖口宽大，长度延伸至脚踝。到了 20 世纪 30 年代，由于西方文化的影响，人们开始对旗袍进行改良，从掩盖身体的曲线到彰显身体的曲线，使旗袍的模式发生了重大改变。具体而言，旗袍的袖口缩小，两侧开衩，且紧贴腰身，很好地展现了中国女性的知性美与曲线美。发展到现代，中国的旗袍仍然很受现代女性的喜爱，旗袍的设计也增加了许多新的元素，如背部拉链开口、蕾丝花边等，其选用的面料种类也更加丰富、现代化。

西式长裙最大的特点就是能够彰显女性的身材美。长裙通过凸显女性身体各部位的反差从而强化了女性身体的凹凸有致，体现了西方人的浪漫主义情怀。西式长裙的结构十分复杂，能够对身体的面积和长度进行延伸，如西式晚礼服、婚纱等。发展到新古典主义时期，西式长裙变得更加轻薄，领口宽且低，腰线也改到胸部以下，这样不仅可以凸显丰满的上围，还能调整身材比例，具有拉长腿部的功效。

（三）汉英居住文化对比

此处将从以下八个方面对比中国与西方国家的居住文化差异，如图 3-6 所示。

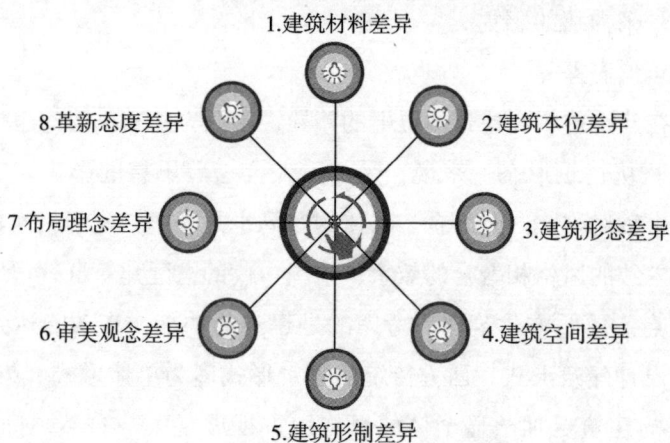

图 3-6　中国与西方国家的居住文化差异

1. 建筑材料差异

在中国传统建筑中，木质材料是主要的建筑材料，这主要是受儒家思想的影响，因为木材本身具有深邃、坚韧的特点，这些特点特别符合儒家所倡导的"仁"这一精神。在实际应用上，木料结构的搭配适合中国高大、平整的建筑风格，且木料的取材比石料的取材方便很多，在修建过程中也更加容易施工，房屋建好之后还有很好的防震能力。

相比之下，西方传统建筑多以石料堆砌而成。这主要是因为原始的西方人曾居住在山洞中，他们对石头有较强的依赖感。英国建筑中的哥特式建筑就是典型的砖石类建筑，观察这类建筑可以发现，西方人在运用石头建造房屋方面已经达到了很高的水平。这些精美的建筑不仅展现了设计师和建筑师高超的技艺，也呈现出西方人独特的意志和情怀。

2. 建筑本位差异

受不同民族思想的影响，中国的建筑以宫室为本，西方的建筑以宗室为本。宫室本位的建筑是中国传统建筑的主流，中国古代的君王声称自己的统治是奉上天的旨意，是历史发展的必然，因此享受至高的地位和绝对的权力。西方建筑则追求宗室本位。其典型代表是英国的圣保罗大教堂。这种巴洛克风格的教堂往往展现出一种灵动而又奔放的力量，给参观者带来神秘的感觉。

3. 建筑形态差异

由于在建筑材料和建筑本位上的差异，中西方建筑的形态也体现出不同的特点。从建筑形态上来说，受"天人合一"思想的影响，中国传统建筑讲究中轴对称、内开外合。具体的布局也是院子与院子相连接，以实现意境与内敛的风格相融合的效果，中国古代的宫廷建筑群就很好地体现了这一特点。而西方建筑首先考虑的是建筑的功能，在功能达到要求之后，才会设计建筑形式，西方传统的建筑形式多为单体形式。与此同时，西方国家的建筑更加凸显个体的风格，重视展现人与自然之间的关系。

4. 建筑空间差异

从建筑的形态形式上可以看出，中国的建筑风格比较内敛，而西方的建筑风格更加开放，这一文化特征表现在建筑的空间层次上就是，中国的建筑给人一种轻灵感和娟秀感，而西方的建筑更有秩序性和几何感。在中国的传统建筑中，院落是其中的主体元素，院落居于建筑的主体，周围以院落为中心进行布置，体现的是一种表意手法。而在西方建筑文化中，广场居于空间的主导地位，且与其他形式的建筑紧密结合，这是西方开放型文化的体现。

5. 建筑形制差异

建筑是历史的见证者，也体现了不同的文化。建筑形制尤其能体现不同民族的文化特点和文化变迁。拿中国基本的建筑形制来说，受两千多年封建社会和农业文明的影响，整个社会的发展格局变化不大，这就导致了中国的建筑形制比较稳定。丰富多彩的民居建筑、繁华的朝代都城以及典雅秀美的园林艺术是中国建筑形制的代表。例如，北京的四合院体现出丰富的层次空间和庭院功能；明清时期的北京皇城雄伟广阔，展现出中国古代城市的繁荣有序、金碧辉煌；典雅的园林艺术给人一种人与自然和谐共处的体验。而西方古典建筑的基本建筑形制又体现出不同的风格特点。例如，古希腊时期人们为了与神明交流，建造了很多气势恢宏、开阔高大的长方形神殿；古罗马时期的建筑体现了当时人们崇尚暴力的文化，如古罗马时期的竞技场。

6.审美观念差异

中国的建筑讲究对称之美，尤其以中轴线的设计最受欢迎，这样设计出来的建筑有一种层层相扣的特点，这种审美风格体现了中国传统儒家思想中提倡的和谐、中庸理念；当然，具有中国特色的园林建筑也彰显了人们对意境美、自然美的追求。例如，苏州园林中的景观多富于变化，且设计精巧，令人流连忘返。而西式建筑更注重形式之美和建筑的外观，西方古典建筑以壮观和大气闻名于世，多呈现几何图形。

7.布局理念差异

中国的建筑布局体现出一种围墙文化，这是中国文化内敛、含蓄的体现。很多庭院和殿堂类型的建筑也有围墙，其宫殿和大堂是整个建筑的核心区域，其他建筑都是辅助、围绕宫殿和大堂展开建造的。西方建筑呈现出明显的几何线条，是开放的、有序的，如广场的设计不仅注重与其他周边建筑构成一个图形，还特别注重与城市环境融合。当然，西方建筑也有其他个性风格，如哥特式建筑的笔直线条和尖尖的屋顶。

8.革新态度差异

建筑文化作为一种与人们的生产生活息息相关的文化类型，不仅有其对历史的继承，还有在继承基础上的改变和创新。通过对中国建筑发展历史的研究我们可以发现，中国的建筑文化整体上呈现出相对保守的特点，据相关文献记载，中国的建筑形式和建筑材料在三千年间基本没有发生太大的改变。而西方建筑文化在这一方面与中国建筑文化呈现出截然相反的特点，纵观西方建筑发展历史，西方建筑呈现出的是不断演进和跃变的发展态势。无论是形象、比例、装饰还是空间布局，西方的建筑文化都发生了很大的变化。

二、文化差异背景下的外语教学

不同文化背景下，教师必须正确处理外语教学与文化教学之间的关系，必须培养学生的跨文化交际意识与跨文化交际能力，建立一种新型的现代外语教学理念。培养新型人才就必须有新的教学内容、教学方法、教学理念作为支撑与前提保障。下面就跨文化意识的培养原则和具体外语教学方法两个方面着手论述。

（一）跨文化意识的培养原则

1. 交际意识原则

语言最基本的功能就是交际功能，因此，语言教学的本质都是教会学生交际的能力。只有开展外语教学的师生双方具有交际意识，出发点立足于交际目的，外语教学全过程贯穿交际意识，教学过程中面临的文化差异才能被克服。因此，教师应探索如何在跨文化背景下完成外语教学，意识到培养学生的不仅仅是语言学习的能力，而是综合运用语言的能力。

2. 双向意识原则

首先必须明确的是，教育是一个双向互动的过程，教育教学过程就是教师的"教"与学生的"学"、师生双主体互动的过程，是二者交流与交际的过程，是一项共同促进的工程，缺失任何一方，必将功亏一篑。教育教学活动是双方为实现某一教学目的共同努力的过程，当教学目的被设定为培养跨文化意识时教师必须发挥其主导作用，创设教学情境，选择教学内容，制定教学计划，完善教学流程等。学生要发挥其主动性、创造性、能动性，主动配合教师的教学工作，积极探索跨文化背景下提高外语语言能力的方法。因此，跨文化意识的培养，首先要求师生双方对于跨文化意识的重视，只有师生双方共同重视，跨文化意识才更容易扎根在外语教学的全程，深入学生的心中。

3.对比意识原则

毫无疑问，中外文化存在巨大差异，上文也曾就文化间的差异做出相应论述。因此，师生双方在教学活动中，有意识地对比并探究母语与目的语文化之间存在的差异，是重要也是必要的一个环节。为了有的放矢地开展教学活动，教师应对于源语文化与目的语文化，以及两种语言深层内涵的差异以及交际行为的差异进行分析，区分两种语言背后的文化差异。

4.洞察意识原则

并非所有的文化因素都是显性因素，部分文化因素是隐性因素，隐性因素往往蕴含了文化背后的深层文化背景知识。文化敏感度成为外语教学中教师与学生必备的一项素养，师生双方都应有意识地观察文化现象并且挖掘其背后的深层文化因素，去伪存真，应将选择典型的文化因素作为外语教学活动中的重要内容。

（二）外语教学方法

1.文化教学贯穿始终

不同的文化背景产生了不同的语言表达方式，不同的语言表达方式对应了不同的交流方式，整个外语教学的过程都不能缺乏文化教学的身影。语言与文化的关系可以说是相互影响、相互促进的关系。教师在授课过程中必须适时提醒学生：中外社会环境不同，历史背景差异大，传统习俗不同，导致中外文化存在巨大的差异，因此教师教授语言内容的同时必须辅以相关的文化讲解。

2.文化背景材料的讲授

教学目标是对教学内容起指导作用的因素，外语教学目的就是培养高质量、具有跨文化交际意识的人才。

培养具有跨文化交际意识的人才这一教学目标已经成为外语教学界的共识，但是在培养具有跨文化交际意识的人才的具体方式方法上，众说纷纭。部分教师寄希望于改进教学方法，并未真正着眼于教学内容，这并不能真正培养学生的跨文化交际能力。相反，教学方法是由教学内容决定的，因此必须从根本上改变教学内容，不执着于教学方法，改善轻文化内容、重形式的现象。

在教学过程中应强调词句中文化背景知识的介绍与讲述。以英国为例，英国在发展过程中历经沧桑，促进了文化的丰富和发展。英语是多民族语言的集合，随着多年的历史变更，语言也在不断发展。

了解文化背景后再开启相关内容的讲授，由于学生已经具备一定的文化知识储备，他们在学习时可以理解文学艺术中深层次的文化含义，透过文本对中西方不同的价值观会产生不同的理解与不同的思考。学生在比较与学习的过程中，积累语言知识，提高语言技能，同时可以增强对文学作品深层含义的理解，并且能够培养自己的观察力、洞察力、同理心。

（三）重视非语言交际教学

在外语交际中除了必要的语言交际，非语言的表达形式远比语言交际要多，非语言的交际也是人类传递信息的必要手段。因此，外语教学中必须重视非语言交际教学。

（1）外语教师必须重视文化间的差异，重视非语言交际转换规则的讲解，将其视作语言教学中的重要部分。教师应当帮助学生正确理解外语与母语中非语言交际行为的表现、含义、功能等方面的差异与冲突，并帮助学生正确厘清，让学生得体地处理文化间的差异。教师需要特别重视外语教学中的非语言交际教学，帮助学生掌握非语言交际的方法。

（2）教师应不定期组织开展跨文化交际的专题讲座，设置主题，根据主题开展对比教育。

（3）教师在课上可以以小组形式开展专题讨论，充分发挥学生的自主性，引导学生深入探究非语言行为的表现和交际规则，对比外语和母语中存在的非语言行为的文化差异；利用多媒体手段，如电影、电视等形式向学生展示外语文化中的非语言交际，甚至可以适当引导学生模仿非语言交际的动作。

第四章　外语教学与文化教学融合的理论

第一节　外语教学与文化教学融合的相关研究

一、语言与文化不可分割

自从 20 世纪 60 年代以来，国内外专家学者就外语教学中文化教学的重要影响进行了相关研究。20 世纪 80 年代至 20 世纪 90 年代，语用学与社会语言学强调文化差异的交际过程，不再将外语教学视为一门语言课程，相关学者将外语中所包含的文化含义与本国文化相结合，有利于认知外语与母语之间的差异，加速外语学习者接受外语文化、接受语言间的认知差异。比特（Buttes）强调语言与文化不可分割，主要表现在以下几个方面：第一，文化差异影响语言习得过程；第二，母语学习者在习得语言时也掌握了母语文化的副语言手段；第三，社会文化知识的传递是交际的核心，而非仅是语言内容的输入；第四，在特定的社会环境中，有能力的交际者可以通过语言的交流实现人际交往。

由此可知，学习者在学习外国语言的过程中受到各种跨文化因素的影响，文化与交际是密不可分的，文化是人际交往的基础。文化体现出人际交往的内容、方式，并反映出人际交往双方如何理解语言信息所包含的含义与人际交往所处的语境等。因此，语言与文化是不可分割的。不谈文化的语言教学是无意义的，只是一个简单的语言符号灌输的过程。

二、信息交流影响交际效果

由人际交往系统理论可知，在人际交往过程中，信息发送者和信息接收者关于信息的理解与反馈，最终决定了人际交往是否成功。由此可知，人际交往是通过语言符号实现双方的信息共享。不同文化背景的双方存在人际交往的障碍，主要是源于交流时，双方各自传达的信息代码不同，制约了信息的共享，从而形成交往障碍。除此之外，双方交际的语境与所处的环境，也是决定人际交往是否成功的重要因素。条件因素、个人因素和文化因素这三大因素对人际交往过程起到主要的制约作用，如表 4-1 所示。

表4-1　制约人际交往过程的因素

因　　素	具体制约方式
条件因素	各种外在条件变量
个人因素	交际双方决定或影响交际行为的选择
文化因素	交际双方的意识形态将直接或间接影响交际行为

在以上三大制约因素中，文化因素是在个人生长环境中逐步形成的。文化因素往往会影响人与人的交际，人们在交际情境中所采取的交际策略影响人的交际行为。

三、文化倾向性影响跨文化交际

交际双方的语言存在差异，往往是交际双方语言背后的文化存在差异。在跨文化交际过程中，双方文化差异常常体现在交际行为的语言行为、非语言行为、文化价值观念和文化群体特有心理因素这四个方面。

研究交际双方的文化倾向性对研究跨文化的交际起着重要的影响。若想实现不同语言交际者之间的跨文化交际，首先，交际双方要充分认可和理解对方的价值观念以及其背后蕴含的文化理念，这也是双方实现跨文化交际的必要条件。其次，面向不同语言的交际者，交际双方都需不断调整自我，调适交际行为，以期在最大限度上适应并接受对方的观念，尊重对方的文化并接受对方的文化。

由此可知，教师在外语教学过程中不仅应当将教学的重点着眼于语言符号的教学，更应当在教学过程中，足够重视语言文化背景知识的介绍，实现外语教学与文化教学的紧密联系，帮助学生理解所学语言交际语境中的特定含义，并帮助学生认同和理解语言背后的文化。由于学生常常受到母语语言文化认知方式的干扰，因此教师必须引导学生在充分理解和认可本民族文化的基础上进一步客观认识并且接纳外语文化。

四、外语是文化的载体

外语与文化之间的关系十分密切，语言是文化的载体，语言如同一面反映民族文化的镜子。文化则影响语言的使用，交际双方应关注语言背后与文化相对应的语言结构、交际模式等方面的内容。即便同为称赞之语，汉语与英语表达称赞的方式也可能截然相反。汉语与英语在表示称赞时，在词汇、句法和对称赞的反应三方面均存在差异。由此可知，文化因素在语言之中具有重大的影响。而本国思维模式与目的语国家思维模式的差异，往往也会影响人际交往中双方顺畅的交际。因此，忽视交际双方语言背后文化的差异，必然影响交际的效果，甚至造成误解。

第二节　外语教学与文化教学融合的目标与原则

一、外语教学与文化教学融合的目标

拉多（Lado）认为文化教学存在不同的目的，一方面文化教学可以视为整体教育的一部分，另一方面文化教学既可以为阅读文学作品服务，也可以为国际交流服务。拉多认为文化教学是提升学生整体素质的一种有效途径。

诺斯特兰（Nostrand）等学者建立的理论框架强调，文化教学是一种帮助学生从学习文化事实到分析、比较、综合不同文化的过程。诺斯特兰构建的理论框架，是指经过文化教学，具备一定文化能力的学生，必然具有如下六点特征：第一，在社交场合应对得体；第二，能够描述并归纳社会中的文化行为；第三，能够辨认并分析文化行为方式；第四，交际双方的意识形态将直接或间接影响交际行为；第五，能够合理解释某一种文化行为方式；第六，能够预测文化行为的发展方向。

诺斯特兰的观点在一段时间内成为学术界的主流观点，直到西利（Seelye）就诺斯特兰的观点做出相应补充，他认为文化教学中存在"超目标"，需要培养出学生的文化理解能力、对于文化的态度和使用文化的技巧。一旦学生出现文化障碍时，在目的语中仍能得体地表达，阐述出自己的观点。由此，西利提出提升学生文化交际能力这一教学目标。

托马林（Tomalin）和斯特姆斯基（Stempleski）在西利的大教学目标基础上加以补充，他们认为目的语文化的学习是外语教学中不可分割的一部分。但是他们同样认为即便文化之间存在差异，不过其中仍存在一定的共通之处，因此他们补充之后，更改了文化教学目标的内容，主要包括以下几点：第一，教师引导学生意识到个体的行为受到文化的影响；第二，教师引导学生认识到年龄、社会阶层、环境等因素皆会影响人在交际时所使用的语言和所采取的行动；第三，教师主动引导学生关注目的语文化的常规行为；第四，教师引导学生逐步理解和了解目的语中的词语背后所蕴含的文化内涵；第五，教师不断提升学生应用目的语并评价目的语文化的能力；第六，教师教导学生查找获取并整理相关目的语文化信息的方式与技巧；第七，教师应当激发学生对目的语文化的求知欲望，并鼓励学生对该文化产生共鸣。

托马林和斯特姆斯基在前人的研究基础上提出了自己对于文化教学目标的界定，并针对教师教授课程这一难题提出了外语教师应采用更加生动有趣的教学材料，调动学习者的积极性，激发学习者学习的兴趣。

莫兰（Patrick R. Moran）关注文化教学中语言学习者的语言基础和语言教学的发展与变化。莫兰认为学生需要具备一定程度的语言水平，才能认识并理解、体会目的语国家的文化。因此，学习者具备一定的语言基础是开展文化教学的前提与必要准备。

学者鲍一红曾表示，外语教学不仅是一种工具性的学习，而且是一种为了学会生存和发展的交际技能。外语教学是对学生社会文化能力的总体提升。因此，外语教学的目的可以大致分为宏观、中观和微观三个层面。在宏观层面，外语教学的目的是培养社会文化能力，即引导学生应用已有的知识与技能有效加工社会文化信息，促进个人潜能完整发展。具体表现为语言能力、语用能力和理解贯通能力的统一和发展。微观和中观层面则强调外语教学的目的是交际能力的培养。这种能力的培养不是来源于空洞、无趣的道德说教，而是通过教学内容、教学活动引导和发展的。

外语教学中的文化教学部分，一方面培养学生健全的人格，培养学生树立正确的价值观；另一方面也培养学生在交际过程中理解和运用文化知识的能力。学者陈生强调培养学生文化创造力是文化教学的最终目的。文化创造力是在掌握本国文化的基础上，了解和掌握外国语言文化知识，并且主动将本国文化与外国文化相融合，从而产生的一种创新的能力，它是一种学生能动发展的能力，体现为从外国文化中提取和应用新的内容的能力。

根据上文表述可知，外语教学中的文化教学目的不是简单的听、说、读、写、译几项语言技能的简单叠加，而是将社会作为着眼点，将外语教学与学生综合能力的培养相结合。文化教学是在帮助学生掌握一门外语的文化内涵的同时，也帮助学生塑造完整而正确的人生观、世界观、价值观，使学生得以适应社会的发展，并达到促进个人发展的目的。

二、外语教学与文化教学融合的原则

外语教学与文化教学融合必须遵循一定的原则，主要有以下十大原则，如图 4-1 所示。

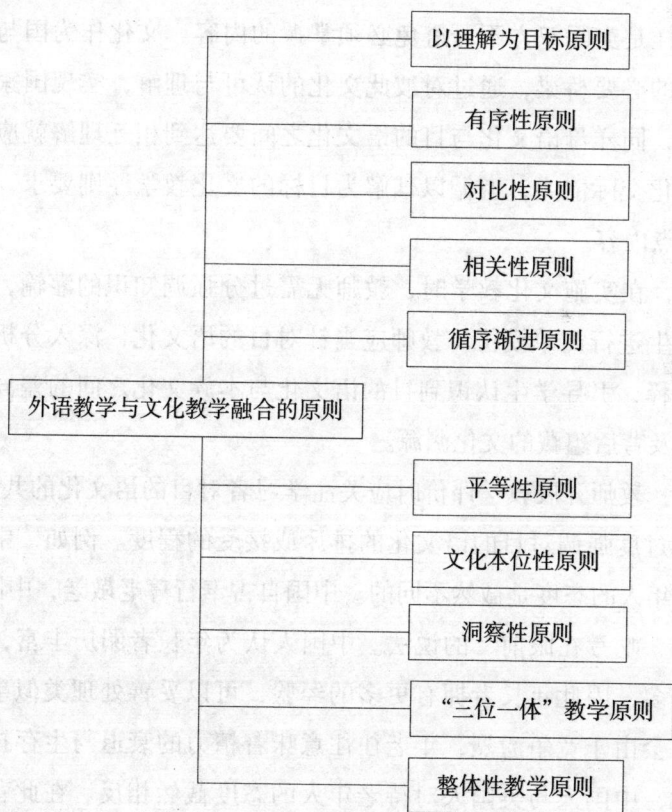

图 4-1　外语教学与文化教学融合的原则

（一）以理解为目标原则

外语教学中的文化教学，是以文化知识为文化教学的起点，以文化意识为文化教学的必备桥梁，以文化理解为文化教学的最终实现目的。因此，文化知识与文化意识是文化教学的起点。教师通过文化知识的教学，培养和激发外语学习者的文化意识，通过培养学习者的文化敏感度，使他们能够感知到在母语文化与外语文化之间存在的差异，这也是实现文化理解的前提与基础。文化理解强调外语学习者客观理性看待母语文化和目的语文化，并且在人际交往过程中具有得体的言行。

文化理解不仅在外语教学中是一堂必修课，在文化往来日益频繁的今天，同样是交际双方不可避免必须掌握的内容。文化作为国与国之间交际往来的必要桥梁，通过对彼此文化的认可与理解，实现国家之间的顺畅交际，同样母语文化与目的语文化之间要达到相互理解就应培养学习者的文化交际能力，遵循以理解为目标的文化教学原则要求，具体包含以下几点内容。

第一，在实施文化教学时，教师无需过分强调知识的灌输，或侧重于引导学生进行简单模仿。教师应当针对目的语文化，深入分析并向学生加以解释，引导学生认识到目的语文化与本族文化之间的差异与相同之处，以及背后蕴藏的文化渊源。

第二，教师开展教学评价时应关注学习者对目的语文化的共情能力。教师不应过度强调对目的语文化的排斥或接受的程度。例如，中国与美国对待老年人的态度是截然不同的。中国自古奉行尊老敬老，中国有"不听老人言，吃亏在眼前"的说法。中国人认为年长者阅历丰富，经历的事情比较多，因此年长者拥有更多的经验，可以妥善处理类似事情。但是美国社会由于竞争激烈，年老往往意味着精力的衰退与生存技能的降低。因此，中国人与美国人对待老年人的态度截然相反。在此背后蕴含的是中美文化中不同的价值观念。价值观念源于社会现实因素。教师不应简单判断哪种行为是正确的，哪种行为是错误的，而应在中美不同的现象背后解释差异形成的原因，并引导学生理解其中的文化差异。

（二）有序性原则

有序性原则是指文化教学要体现语言文化本身的逻辑性和系统性，同时文化教学活动必须根据学习者的身心发展情况，依照发展规律，按步骤、有次序地开展，帮助学习者依照次序理解和掌握文化知识。有序性原则一方面是文化教学自身的要求，另一方面也是遵循学习者身心发展规律的反应。文化教学依照一定的逻辑顺序开展，是外语文化的呈现需要，也是学习者有效习得的一种体现。

在选择文化教学内容时，教师必须充分考虑各层次文化知识内部的系统性和序列性，并且充分考虑文化知识与情境文化的相关性与规范性。

教师应当根据语言学习者的认知发展规律和思维发展规律有效安排文化教学，这是因为学生的身心发展是从不成熟到成熟、从不完善到逐渐完善的逐步发展的过程，因此学习者必须按照从易到难、由浅入深的顺序学习外语教学中的文化内容。除此之外，学习者的学习也是从机械记忆逐步发展到理解记忆思维的过程，是依照形象思维到逻辑思维逐步发展的。因此，教师在设计安排文化教学内容时，要遵循从简单到复杂、从具体的文化事件到抽象的文化主题的顺序。外语教学中的文化教学，必须首先考虑学习者所处的不同阶段的学习特点，学生正在经历从感性认知、感性体验到理性认知、理性体验的变化，文化教学也必须按照学习者的这一认知发展规律与学习特点组织教学工作。

（三）对比性原则

外语教学中的文化教学，至少涉及母语和目的语两种文化，因此无论是教学目标的选择与确定还是教学内容的选择与确定，都离不开对比，对比是文化教学开展的基础。

首先，教师在选择文化教学内容时必须遵循对比性原则。母语文化与目的语文化之间存在一定的共性，也存在各自的个性。其次，文化教学全程应贯穿对比性原则。例如，外语教学中关于称呼语的差异，可以通过中外对比，引导学生明确两种语言中不同称谓背后所蕴含的不同文化意义。中国文化强调长幼有序、上下有别，因此对长辈和上级有专用的称谓。但是在以英语文化为代表的许多外国文化中，在某些情况下，人们对长辈和上级可直呼其名。由此可知，中外文化中称谓的差异体现出称谓背后存在的文化差异。一方面，教师可以引导学习者意识到两种文化中称谓的不同，教师也需引导学习者意识到不同称谓背后蕴藏的文化差异；另一方面，教师要帮助学生积累文化知识，引导学生理解中外文化的差异。

（四）相关性原则

所谓相关性原则，即在外语教学过程中，涉及的文化内容要与教材内容相关或者是教材内容的延伸。文化教学应当充分利用外语教材中涉及的语篇材料，避免文化教学与语言教学互相割裂。

以英语教学为例，在文章中涉及亲戚称谓时，教师可以引入与家庭相关的外语文化，汉语中亲属称谓繁多，一方面体现了中国文化中的大家庭概念，另一方面也映射出中国文化受到宗法制影响，强调家族之间的宗族观念。而在西方社会中，虽然家庭也是社会的基本单位，但更强调个人感受，而非与他人之间的社会关系。正如英语中 cousin 一词涵盖了堂兄、堂弟、堂姐、堂妹和表兄、表弟、表姐、表妹。由此可知，对于外国人而言，堂系亲属与表系亲属并无根本上的差异。从东西方的亲戚之间的称谓差异，便可看出中西方文化的差异。当然，在教材中涉及与家庭相关的文化时，教师再开展专题教学才较为合适，否则便有突兀、割裂感。

（五）循序渐进原则

文化教学应当遵循阶段性原则，也就是循序渐进原则。教师应根据学习者的年龄特点、认知水平、培养目标、语言基础水平确定文化教学的内容与阶段。文化教学应由浅入深、由个体到综合、由现象到本质，逐步扩充其内容。通常情况下，某一个单词或句子往往蕴含着语言背后丰富的文化。因此，在外语教学初级阶段，出于多方面考量，通常外语教师会较多地教授词汇，伴随学习阶段的发展，教师将逐步由词汇教学延伸至句子教学与语篇教学，并且将其背后的文化信息逐步传授给学生，引导学生外语学习从被动接受到主动参与。对于年龄层次较低、学习基础较为薄弱的学生，教师应当主动教授词汇所蕴含的文化信息；对于年龄层次较高、具有一定外语基础的学生，教师应引导学生认识文化差异背后的本质区别，并注重对学生整体素质的综合培养。

（六）平等性原则

在外语教学中开展文化教学时，教师首先应当让学生明白文化之间是相互依存、平等和谐的关系。对于两种不同的文化，教师应当采取相互学习、相互渗透、相互影响的态度，而不是认为一种文化强于另外一种文化，或者说某一种文化高于另外一种文化。外语教学中的文化教学，是为了更好地交流，同时学习他国文化也是为了将本国文化更好地传递到国外，文化之间是相互平等的关系，因此，教师在教学过程中应避免文化优越感或文化偏见。理解他国文化应当参照他国历史文化背景、社会文化传统，不应将本国文化价值观作为衡量他国文化的前提与标准。因为文化之间是相互平等的关系，跨文化交流也应当建立在平等的原则之上，基于平等的交流可以从中吸取他国文化的精华，同时不忘发展本国文化。

（七）文化本位原则

所谓文化本位原则，即教师在开展文化教学过程中，要向学生强调本国文化的重要性，强调母语文化的重要性。只有深深热爱和熟练掌握母语，才能在此基础之上学习外语，掌握跨文化交际能力。同样，只有充分了解本民族文化，才能在本民族文化基础之上与外国文化做比较，不至于盲目推崇他国文化。

因此，教师在外语教学内容的选择上要适度。教师对于文化内容的讲解要遵照事实，适度讲解，坚持实用、够用的基本原则。教师对于外国文化必须理性看待，跨文化传播教学并非将他国文化全盘照搬过来，而是基于本民族文化，立足于本民族文化，对其他文化进行学习和积累。

（八）洞察性原则

对比机械性语言习得，洞察性语言习得可以取得更好的学习效果。因此，在外语教学中，教师必须以洞察性教学原则为基础，提升教学中的理据性教学，帮助学生了解其中的联系，以更科学的心态进行外语学习。

莱考夫和卡特都曾明确指出，在语言学习过程中，有理据的知识比没理据的更加容易理解。因此教师在教学时，必须明确教授在语言学习中涉及理解语言的相关内容。

洞察性知识的教学有利于学习者了解语言的工作方式，教师可以通过构建相关的语言学习的假设，促进学生的发展和进步，这种教学方式有如下几个优点：

（1）提高学习者学习的主动性。

（2）加深学习者对语言学习的理解。

（3）深化学习者对语言知识的记忆。

（4）增强学习者的自信心与动力。

（5）培养学习者的跨文化意识。

（九）"三位一体"教学原则

"三位一体"就是指将语言、文化、思维的三方面教学相结合的教学方式。在外语教学过程中，教师应当重视学生的主体地位，强调认知与情感的重要性，有目的地促进学生跨文化交际能力的提高。认知语言学针对"三位一体"原则的研究表明：无论研究语言、文化、思维三者中的任何一个方面，都必须同时分析另外两个方面。

"三位一体"教学原则对外语教学有重要的意义。教师贯彻"三位一体"教学原则，有助于提高学习者的学习效率；有助于学习者对语言知识的深层理解；有助于学习者对语言知识的记忆；有助于学习者主动学习语言知识；有助于增强学习者的学习动机与信心；有助于培养学习者的跨文化意识。

（十）整体性教学原则

随着社会多元化的发展，外语知识的应用范围不断扩大，对外语人才素质的要求不断提高，要求所培养的人才具有较强的综合能力。因此，教师要在外语教学中着眼于宏观和微观两个层面开展外语教学。

宏观层面的外语教学，是指要从社会、文化等语境知识方面开展教学；微观层面的外语教学，则是指要从音、形、义等具体方面开展教学。当然，教师以整体性原则组织外语教学还应注意通过不同渠道呈现外语教学，重视认知与情感的协调发展，而且教学内容要与文化相联系。

第三节　外语教学中的文化教学内容

外语教学中的文化教学的必要性，早已成为外语教学界的共同认知。国内外专家学者均认同，外语教学应当充分重视学习者的跨文化意识的培养和跨文化交际能力的培养。因此，本节将从价值观、思维方式、非语言交际和语言交际四个方面就外语教学中的文化教学内容进行深入探讨。

一、价值观

之所以将价值观作为外语教学中的文化教学的主要内容，是因为价值观是一个国家文化的核心。每个国家都有其价值观体系，以影响国民的思维方式、行为规范、道德认知、处事原则等。下面将从世界观、人际关系取向、时间取向和活动取向四个方面，探索中西方文化在价值观方面存在的差异。

（一）世界观

中国传统价值观强调天人合一，强调人与自然、主体与客体以及精神与物质的二元合一。这充分体现了中国哲学家对主、客体的辩证思考。也正是在天人合一的世界观思想影响下，中国人在思维模式、言语表达等多方面，都倾向于重视知觉体验，追求整体性和综合性。

西方的世界观强调天人相分，即将世界看成多个独立的物体结合而成，各个物体均可独立存在。正因如此，在西方人眼中，人高于自然，人可以自主能动地控制和改造自然。所以西方文化多强调人要凭借自己的思维和力量认识世界，征服世界，改造世界。而受到天人相分的世界观影响，西方人通常将整体一分为多，尝试以分析的思想认识并厘清事物之间的逻辑关系。

（二）人际关系取向

中国人际关系强调集体主义和他人取向，也就是中国人更强调家庭利益、社会利益和国家利益，个体利益通常存在于群体利益之中，因为个人是群体中的一分子。因此，中国人际关系更强调个体的一言一行在社会交往中需符合自己的身份与地位。集体主义这一价值观取向对中国起着重要作用，是中国人民的精神脊梁，铸就了中华民族天下为公、万众一心的民族精神。

西方文化强调个体，崇尚个人主义，个人主义是西方文化价值观中的基本取向。正如在适者生存的自然法则中，个体只有通过个人的努力与发挥自身的潜能，才能维护自身的权益，才能在社会与自然之中立足、生存。因此，西方文化强调个体意识，西方人的自我表达与自我实现，被视作西方人最重要的价值取向，特别是文艺复兴之后，崇尚自我价值的观念深入人心，强调塑造独立人格，强调表现自我的文艺作品比比皆是，甚至英语词典中以 self 为前缀的词就有 100 多个，由此也可体现出，西方民族崇尚自我、强调个性的价值取向。

（三）时间取向

东西方对待时间有着不同的理解与看法，即有着不同的时间取向。中国人的时间观念属于圆式时间观念，西方人的时间观念则属于线性时间观念。

中国之所以有着圆式时间观念，是因为中国受儒家思想与文化影响，儒家思想强调回归自然、回归过去。中国典籍中有关于"有因必有果""天道有轮回"的说法，这些说法实质上都反映了中国人圆式的时间观念。

西方人持有线性时间观念，常常立足现在，着眼未来。受线性时间观念影响，西方人有着强烈的时间意识。因此，期待未来、规划未来是西方人受线性时间观念影响的一种体现。

（四）活动取向

中国文化受到大一统思想影响，人民普遍追求社会稳定，国泰民安。因此，中国文化中普遍存在着求稳的活动取向。统一与稳定是社会发展的前提，也是保障个人、社会、国家不断发展的前提与基础。

西方人求创新，追求变化，追求标新立异。无论是服装设计、家居建筑风格，还是科技创新……对于西方人而言，打破常规；不断创新，追求卓越，都体现着求变的活动取向。通常情况下，西方人不执着于追求传统的秩序，不受限于条件，不断追求变化与发展。西方人追求机遇、财富与变化，这与海洋文化有直接联系。西方人普遍具有冒险精神、竞争意识和创新能力，也正是求变的活动取向，推动西方社会不断前进与发展。

二、思维方式

思维方式产生于社会环境之中，伴随人的思维活动发展不断演变与积淀而成。不同的地理环境、社会历史、经济文化背景下，引导人类形成不同的思维方式，因此东西方的思维方式存在较大差异。

中国传统的思维方式强调内倾性。通常，人们依靠体验、意会、领悟等直觉方式，而非逻辑推理。西方的思维方式则恰好相反，强调逻辑性。逻辑性思维方式是指具有理性分析、逻辑实证、追求精确等相关特征的思维方式。

中国思维方式强调整体性，强调人与自然和谐统一、不可分割、相互影响。中国传统思想强调自然和谐，融会贯通，并非从细节或局部把握事物，再逐一单独分析，而是将事物视为一个整体，视为一个不断变化、不断发展的过程。相反，西方的思维方式强调局部孤立地进行研究，具有解析性特征。西方人习惯从孤立的视角看待世界、理解世界。

中国传统思想强调思维主体的模糊性。因此，中国强调对事物进行质的判断，讲究拟态而非求真。中国传统思维范畴往往具有不确定性和多义性。西方思维则强调分门别类，强调定量分析和精确计算，因此精确性成为西方近代思维的一大特征。

三、非语言交际

外语教学包含非语言交际，非语言交际是指在交际环境中除语言这一因素外，对交际双方传递具有信息价值的因素。例如，中医看病讲究望、闻、问、切，本质就是语言交际与非语言交际并用对看病的患者加以判断。

非语言交际在沟通过程中起着重要的作用，通过表达重复、否定、强调等含义，帮助信息的准确传递。同时，非语言交际可表达出语言背后隐藏的相关信息。一方面，非语言交际可传递信息交流双方的思想；另一方面，非语言交际也是一种社会现象和文化形态。非语言交际既存在共性，也存在个性特点，非语言交际在不同文化背景下存在着差异。因此，外语教学既要关注语言交际内容，也不可忽视非语言交际内容。非语言交际主要包含体距学、身势语和面部语言三个方面。

（一）体距学

体距学主要强调人际交往过程中，人与人之间保持的身体距离。通常情况下，身体距离根据体距分为四种距离，即亲密距离、个人距离、社交距离和公众距离。

1. 亲密距离

亲密距离通常是指两者之间保持 15 厘米以内的距离。亲密距离通常是较为亲密的人之间所保持的交际距离，通常与亲密的朋友、家庭成员这些关系较为密切的人保持亲密距离。在这一距离范围内，交际双方语调较为轻柔，同时便于进行肢体上的接触，如握手、拥抱等。

2. 个人距离

个人距离通常是指交际双方保持 46 厘米至 76 厘米之间的距离。这种距离通常出现在关系较为融洽的师生、同事、同学之间。在与这些人交往过程中，保持这一距离，双方往往会感到较为舒适。

3. 社交距离

社交距离是指 1.2 米至 2 米之间的距离。通常情况下，交际双方彼此相识，但并不熟悉时，双方谈话则会保持在社交距离范围内。例如，教师与学生家长之间，往往会保持社交距离进行交谈。

4.公众距离

公众距离则是指交谈双方保持 3 米以上的距离。这时双方处于视觉和听觉可接收的有效距离之间，通常在演讲、做报告等活动中，主讲人与观众之间的距离就是公众距离。

人际交往中的身体距离反映出背后隐藏的不同社会价值观念、社会习俗。与中国人强调聚拢型、接触文化，相反，英语国家具有非接触性、离散型文化特征。英语国家往往强调空间领域感，即便是孩童时代，每个孩子也拥有自己独立的卧室，有属于自己的生活空间。在北欧一些国家，人与人之间强调个人空间领域感，也尊重他人的空间领域感。因此，即便是排队，人与人之间也自觉保持一定距离。

（二）身势语

身势语即体态语，是人际交往过程中，用身体进行相互交流的语言。身势语与语言一样，是文化的载体，但是同样的身势语在不同文化中可能具有不同的含义。若在语言教学中，教师疏于身势语的指导，就可能会导致误会，影响跨文化交际。

以点头为例，大部分国家点头表示同意，摇头表示否认、否决、不同意的含义，但是希腊人则用摇头表示肯定含义，希腊人表示否定含义则是面部朝前头部后仰的形式。传说一个英国人准备外出乘船去往小岛，英国人向一个希腊人提问，开往小岛的船是否早已离开。此时，希腊人摇了摇头，表示船已经离开了。但是英国人根据本国身势语惯例，理解为船尚未离开。身势语的误解，导致该英国人在岸边等候了好几个小时。身势语中的手势语在不同民族之间的差异则更为明显，如生活中常见的 OK 手势，在大部分国家中都是表示认同之意，但是在日本和韩国则表示钱的手势，而在法国则作为数字 0 的符号，甚至阿拉伯人认为该手势具有敌意。

外语教师应指导学生不因身势语造成误解，因此身势语也必须成为语言教学的一部分。

（三）面部语言

面目表情在人际交往过程中是一种较为直观的交际方式。观察交际双方的面部表情也成为跨文化交际当中不可或缺的一部分。以微笑为例，微笑常常用来表示快乐与友好的情感，同样微笑也能传递表示谅解之意。例如，在公交车上，公交车急刹车时踩到他人的脚，踩人者露出微笑，代表着抱歉之意，对方回以微笑，表示原谅之意。服务行业从业者面带微笑表示欢迎与友善之意。但美国的部分印第安部族通常是以大哭迎接客人的到来。因此，面部表情背后隐藏不同的文化含义。在外语教学过程中，教师也需向学生阐明不同面部表情所蕴含的不同含义。

四、语言交际

交际双方在文化认同和相互接受的范围内，选择的交际用语往往有所差异，这是因为不同文化有着不同的交际规约。交际规约与社会文化背景有密切联系，也是文化差异的反射。交际一方若不遵守交际规约，往往会造成人际交往中的冲突与矛盾。本部分就称谓语、恭维语和邀请语三个方面做出典型性阐释。

（一）称谓语

所谓称谓语是指人际交往过程中，交际双方的叫法、称呼与语言习俗。称谓语背后反映着交际双方的价值观念，社会属性，政治、经济、文化背景，甚至称谓语是民族文化与传统的积淀。

称谓可分为亲属称谓和社交称谓两大类型，中国人强调血缘关系，强调等级差异、亲疏远近。因此，汉语中的称谓语相较于英语中的称谓语更加繁杂细致。西方强调平等、自由，因此亲属称谓相对较为宽泛，正如前文提及的 cousin 一词，可代表堂兄、堂弟、堂姐、堂妹、表兄、表弟、表姐、表妹 8 种关系。

在社交称谓当中，汉语的身份称谓种类较多、范围较广且使用频率较高，常见的身份类称谓有姓加职务、姓加职称、姓加职业，如张院长、李教授、朱老师之类的称呼方式。在英语中头衔类称谓仅限于皇族、政府上层、宗教界、军界和法律界，常见形式为头衔加姓氏，如伊丽莎白女王为 Queen Elizabeth，教授通常以 doctor 和 professor 作为头衔称谓。

（二）恭维语

恭维语通常用于缩短交际双方的社会距离，有拉近人际关系、开启话题等作用。但受到社会、政治、经济、文化等不同因素影响，恭维语在功能、话题内容与结构模式甚至反应对策等方面，都具有不同的文化特征。

关于恭维语功能方面的差异，英语中常见的恭维语功能为表示欣赏或者相信彼此的交情与感情；汉语中的恭维语则通常用来表示欣赏他人或者有求于他人。

关于恭维内容方面的差异，在西方文化中恭维他人外貌、行为能力、成就等方面，都是常见的话题内容，其中恭维他人外貌最为普遍，尤其是在女性穿着新装或者换了新发型的情况下，无论男性还是女性，都会对其变化发出欣赏与赞叹之语。在中国，恭维他人外貌的频率较西方而言相对较低。

除此之外，在恭维他人能力方面，西方文化强调评价性，通常社会地位较高之人才有资格评价他人的能力。因此，通常是上级对下级加以恭维，维持上下级之间友好融洽的人际关系。而在中国恰好相反，相互之间的评价恭维，是一种维持人们之间友好关系的方式，并非上级对下级的专有评价。在中国常见朋友双方互相恭维对方，如以子女的特长为恭维和赞美的内容。

关于恭维结构模式，相较于其他文化，中国文化是高语境文化，因此表达方式更为含蓄、间接，即在不知不觉的环境中有效赞美对方。例如，年轻人恭维年长者"姜还是老的辣"。年轻人并未用显而易见的恭维方式直白表达，需要被恭维者结合语境自行理解与体会。西方文化则更为直接，会用直白的方式表达恭维之情。

关于应答方式，恭维语的应答方式常见有五种，分别是升级、弱化、贬低、转移和回赠。中国文化相较西方文化而言更加含蓄内敛，因此，在中国语境中回应恭维时通常采取沉默的应答方式。常见情况是，在获得恭维后，被恭维者或点头微笑以示认同，或采取感谢加转移焦点的方式作为回应，如"谢谢，您做得更好"，而在西方国家文化中，面对恭维语需要应答时，被恭维者多采用接受的策略，即认可他人的评价，同时对自己做出肯定，因此在面对他人恭维时，常见以"谢谢"作为回应。

（三）邀　请

人际交往过程中为保持人际关系的和谐，一方通常以邀请的方式打开社会交际之门。邀请是一种普遍性的言语行为。在这方面，中西方文化存在较大差异。例如，在西方文化中，常见的邀请用餐，若无确切的时间与地点，则仅仅为礼节性、应酬性的假邀请。如果中国人不了解东西方关于邀请的差异出于礼貌表达邀请，则有可能造成误会。

第四节　外语教学中的文化融合障碍

生活在同一文化背景的人们，在人际交往过程中较易沟通，因为其中包含的交流障碍较少，双方具备类似的文化模式，该模式为人际交往提供一座交流与沟通的桥梁。但不同文化之间，往往存在文化背景差异与习俗文化差异，容易在沟通过程中产生文化融合障碍。外语教学中，教师在开展语言与文化教学融合时，应关注文化融合的障碍，并努力减少甚至消除这些障碍。

一、外语教学中文化融合障碍的表现

（一）词语、习语文化内涵差异

在不同的社会文化背景中，词语的文化内涵呈现出差异性。正如"cat"一词，通常情况下表示小猫，但是在特别语境中"cat"也可代指心地恶毒的人。

关于习语的差异，以汉语中的"对牛弹琴"为例，汉语中的"对牛弹琴"有"给不懂道理的人讲道理白费时间与口舌"之意，也有"说话不分对象，徒劳无功"之意。在英语中"cast pearls before swine"，字面意思是"把珍珠丢在猪面前"，有"即便是好东西，但是给了不懂欣赏的人也是徒劳无功"之意。虽然看似意思相近，但二者意义仍有差异。

（二）社会规约

人际交往过程中，双方的语言和行为通常会遵照一些不成文的社会规约。人们往往对母语文化中的社会规约较为熟悉，但对于不同文化的社会规约则常常并不了解，甚至一无所知。人们必须了解不同文化的社会规约，理解来自不同文化的人们的言行，从而突破外语教学中文化融合的障碍。比如，在中国文化语境中，熟人见面通常会问"吃饭了吗？"，这句话一般仅为双方打招呼用语，并非真正询问是否吃饭。但西方国家的人听到这句话，通常认为是否吃饭或吃了什么是个人私事，对方的提问是在询问隐私，交际双方有可能因此造成误解。

（三）非语言交际

经调查，非语言行为占双方交际行为的 70% 以上，因此非语言交际是人际交往中交流情感的重要途径。交际双方不仅要关注语言背后的文化内涵，同时非语言背后的文化内涵也应引起重视。因此，非语言交际在外语教学中也是必不可少的教学内容，是学生必修内容之一。

二、外语教学中文化融合障碍产生的原因

（一）思维方式差异

人的思维方式是在认识客观世界的基础上对各种信息深入加工，并用语言形式呈现出来的。因此，人与人的思维差异较大，进而必然导致文化差异较大。

中西方存在思维方式差异。中国人经常采用归纳总结的思维方式，通常选择先陈述事实，最后阐述自己观点。而西方人则习惯采用演绎思维方式，在表述观点时，通常选择开门见山，直接输出自己的观点，紧接着就观点展开相应论证。也正是中西方存在思维方式差异，因此容易给跨文化交际造成一定障碍。

中国人的思维方式受到中国长期以来小农经济的影响，中国人还受到乡土思想影响，乡土观念较重。正因如此，中国人在国外相遇时，会产生乡邻情谊，通常较为激动。西方人受到大航海时代影响，具有冒险精神，因此即便西方人在本土之外遇到本国人，也不会产生很激动的情绪。

中国人受儒家哲学影响，强调道德文化，注重整体性与综合性。正因如此，中国人强调集体观念、整体思维。西方人强调自我实现、自我价值，因此西方人更加强调个体思维。

中西方思维方式差异影响语言编码方式，即中西方的语言文化中的遣词造句、篇章结构有所差异。在文化交际过程中，人往往受到先入为主的思想影响，倾向于认同与自己相同或相似的表述方式。因此，交际对方与自己在表述方式上有差异时，往往会产生思维混乱、令人费解之感，在外语教学中，教师不仅应当关注语言知识和技能的传授与指导。

同时，教师应当加深学习者对母语与外语背后隐藏的思维模式差异的认识。

（二）价值观差异

因为西方强调独立自主，认可个人主义，因此，在家庭关系中，西方家庭的父母往往会鼓励孩子独立发展。即便一部分家长在孩子成年后仍然会支持孩子继续就读求学，但也有一部分父母允许孩子离家独立，鼓励孩子自行申请奖学金或者学业贷款完成教育。在中国家庭中，父母对孩子的教育往往倾其所有、竭尽全力，即便孩子成年，父母仍对孩子的人生发展有较大的影响。

（三）人际关系差异

中国社会中的人际关系偏向于感情型，甚至可以说中国社会是人情社会。西方社会中的人际关系则倾向于工具型，也可称为理性型。在西方社会的人际关系中，即便是父母与子女之间也可直呼其名，同样，办事较少涉及人情往来。

（四）社会习俗差异

以节日文化为例，中国传统节日中大部分节日的文化内涵包含团圆、和谐、圆满的情感色调。传统文化体现了中国文化中的群体价值观念。西方节日则往往带有欢快浪漫的氛围基调。以圣诞节为例，圣诞老人身着传统圣诞服装，坐着驯鹿拉着的雪橇挨家挨户派送圣诞礼物，体现了西方文化中强调个人自由、人人平等的文化内涵。

无论是思维方式差异、价值观念差异、人际关系差异还是社会习俗差异，这些差异都会造成中西方文化融合障碍。在外语教学过程中，这是教师不可避免的问题，教师应当增强文化差异的意识，突破交流障碍，实现交际目的。

第五章 跨文化外语教学的理论及应用

第一节 语言习得观与跨文化外语教学

一、语言习得观

（一）通用认知能力的概念习得

在传统的语言习得观中，语言是一种人类特有的认知机制，人类必须通过特有的语言习得机制学习语言。而且，人类的语言能力是一种以通用认知能力为基础，进而展开具体的认知行为。

学习者结合原有的知识概念和意义，凭借认知能力感知新的语言后，形成了新的语言概念和意义。学习者对新的语言进行概念化处理，形成了全新的知识，由此可知，语言习得也就是概念习得过程。

人在语言习得过程中必须使用语言学习机制，这种机制必须以人的认知能力为基础。人的认知能力包含理解、记忆、监控、概括、推理、基本范畴等心智活动，这些心智活动都是源于大脑对客观世界的感知。

人类使用语言以及人类习得语言，都是对认知进行处理的过程，即人类对客观世界的感知后，用认知能力对语言进行处理的过程。很多学者都强调了认知能力对语言习得的重要性。克罗夫特（Croft）和克鲁斯（Cruse）指出，语言不是自主的认知能力，也就是说，语言属于人类多项认知能力中的一种，并且语言是一种和人类关系密切的认知能力。泰勒（Taylor）也曾经提出人的认知能力是对语言现象深入分析的前提基础，这就表明了语言在人类认知中的重要性，进而可以得出认知能力的习得是语言习得过程中的基础能力。

在英语学习的过程中，经常会涉及概括、总结等认知能力的应用，特别是在词汇的教学方面，经常会涉及运用范畴化、抽象化对众多例子加以形象化的知识构建，从而促进语言的记忆。经过大量的范畴化、抽象化后，人类则可以形成相当丰富的知识网络，然后再与其他知识相联系，逐步构成一个不断发展的认知系统。

语言能力是认知能力中的一部分，也就是说语言学习是一种认知能力的发展。语言习得是通过应用认知能力，形成新的概念的过程。克罗夫特和克鲁斯强调了经验的概念化是人类语言认知能力的主要特征，还强调了"认知""概念""语言"之间的关系。

例如，贾维斯（Jarvis）和奥德林（Odlin）在研究瑞典和芬兰的英语学习时发现：关于空间介词，瑞典英语学习者更倾向于用 in，芬兰的英语学习者则更多选择了 on 这一介词。可以看出，虽然不同国家的英语学习者学习了同一种外语，但是仍会受到原有的概念影响，学习新的语言时，对新的概念形成也有所区别。因此，学习外语时，需要先转变思维模式，构建新的概念结构。以认知能力为概念的习得机制，则是一种以人类认知能力为基础的认知活动。

（二）具体形义配对的理据习得

传统语言学针对语言意义和语言形式采取平行学习的形式，认知语言学则强调结合语言意义和形式，形成形义配对为学习对象。认知语言学强调在外语学习过程中，通过归纳总结形成新的构式。语言习得者应该从多个类似的、独立的形义配对中进行概括。由此可以看出认知语言学认为语言学习主要就是形义配对的理据，学习者不是将语言意义和形式联系机械地进行灌输，而是将语言意义和形式联系配对后，概括为抽象的语言结构。

认知语言学认为，认知方式、概念框架和经验结构是形义配对理据的主要影响因素。在短语、词汇、语法层面都有可能会出现语言的意义和形式的配对理据。其中最普遍的一条原则为"同一语义群的语言成分会出现在一个语言群中"。因此，了解意义和形式的配对理据将有效推动学习外语的进程，教师掌握这点则有利于优化教学设计。

（三）反复使用方式的洞察性习得

传统教学中，学习者是学习的被动接受者，学习过程中通过语法知识的接受、了解、掌握、应用完成语言的习得。传统英语教学强调了规则的基础性而忽视了语言的情境性。

语言学习是基于反复应用实现的，语言学习中学习者主动运用和使用语言知识，是语言习得的重要方式。所以学习者要自觉观察学习情境，不断对学习过程中的语言知识进行系统总结与归纳，并主动参与到语言学习过程中。

1.反复使用方式促进语言习得

在儿童的语言习得的初级阶段，儿童通过对他人的模仿进行语言的学习，儿童会模仿他人交际过程中的环境互动，逐步构建自己的语言知识体系。在语言模仿学习的过程中，儿童并不是在简单效仿，而是很清楚自己重复的功能与目的才进行模仿。进一步来讲，儿童必须明白话语的交际意图，才能将语言应用在适当的语境中。

因此，儿童对成人交际语言的模仿会逐步形成固定化的构式，并且熟悉交际情境，了解语言的使用形式，以及其中包含的交际意图，从而进行语言图式和范畴的归纳与概括，反复使用，促进儿童的语言习得。

2.洞察性语言习得

语言的习得是洞察性的过程，洞察性强调学习者的主观能动性。认知语言学家们认为人类通过认知进行概念加工得到语言，人类语言在语言习得过程中起到积极作用。在这一过程中，学习者对客观世界的概念化的想象力和创造力起到重要作用。

学习者可以把握好非语言认知资源，利用语言认知资源，主动选择语言习得措施。学习者不仅需要与丰富的社会文化信息和语境信息相结合，同时应该认知到信息的主观影响也非常重要。

总之，语言习得观体现出学习者在参与外语教学过程中发挥的主观能动性，语言习得者自身的知识文化背景影响着外语教学的进程。

二、跨文化外语教学

外语教学与跨文化的传播密不可分，与文化融合紧密相连。在外语教学中开展跨文化教学尤为必要。

当跨文化融入日常生活之中，外语教学作为两国语言的沟通环节，在外语教学过程中引入目的语国家的文化、地理风貌、传统习俗、文学艺术、行为规范等内容，有利于帮助学生逐步接触并深入了解目的语国家的相关文化。有利于进一步认识外语并应用外语，同时，有利于加深对本国语言、文化的理解与认识，架构世界观念与增强世界意识。

社会科技与经济逐步迈向国际化发展，教育也将逐步打破国与国之间的壁垒，凸显出全球化的特征。当前社会，国际教育交流与合作日益紧密，日益频繁，各国之间相互交流教育经验，相互竞争教育资源，这种合作与竞争并存促进了国际教育发展。国际型人才是各国综合国力发展所必需的核心要素。培养国际型人才除了储备必要的语言基本知识与语言必需技能之外，同时需要根据场合交际目的，率先了解交际者背后隐藏的文化背景。

人类习得母语过程中，逐步构建自我认同与母语认同。当习得第二语言时，自我认同往往会形成自我疆界，影响第二语言习得。外语教学跨文化融合旨在消除语言学习者面临的文化障碍，在原有自我认同基础上，架构出第二个自我认同实现理想的学习境界。因此，语言与文化的同步学习是培养国际型人才的必要手段。

跨文化交流中既包含听、说、读、写基础技能的同时，跨文化交际能力也成为跨文化交流的必备技能。语言能力即教师引导学生掌握语音、语法、词汇等相关知识结构及常识性的知识策略能力，在交际场合中面对不同情境，交际双方采用语言或非语言技能，顺畅应对和修复交际的能力。

传统教育模式中教师是课堂的掌控者，负责将知识传递给学生，而学生作为被动接受者往往缺乏对外语知识的积极性和主动性。因此，外语教学必须在听、说、读、写四项技能作为培养目标的前提下，兼顾培养学生的社会能力，也就是培养学生人际交往的能力。

了解文化知识是语言教学的关键所在，一定的文化背景是语言与语境的映射。因此，脱离语境谈语言，将难以理解语言的内涵，更罔论灵活运用。

外语教学中跨文化融合，首要之举是培养学生对其他文化的理解态度。由于不同文化之间存在差异，认识文化中的差异点，理解其他文化，并反过来加深对本民族文化的理解。这需要教师能够在教学过程中引导学生客观看待文化特性，理性分析并接受文化间的差异。

外语教学中跨文化融合，强调培养学生接触跨文化时的适应能力。学生首次接触其他文化时往往会受到文化冲击，产生不适应感。教师应当设置语言文化的缓冲环节，促使外语教学中跨文化交际得以继续。

外语教学中跨文化融合，强调培养学生跨文化交际相关技能，培养国际型人才。在面对对外开放进一步扩大的国际局势时，了解不同文化背景，掌握与不同文化背景的人的交往沟通能力，有利于学生适应国际化社会发展需要。

第二节　跨文化外语教学的理论探索

一、认知建构主义理论

瑞士心理学家让·皮亚杰（Jean Piaget）最早提出了建构主义，也被称为结构主义。皮亚杰的观点是："人对环境的适应，是一种主观的能动的适应。当外界刺激被主体同化于主体的认知结构之中，主体相应作（做）出反应。"因此，在皮亚杰的理论基础之上，进一步发展得到的认知建构主义学习理论。认为教师在课堂上灌输知识，并不能促使人真正地理解并接纳知识，只有当学习者处于适宜的情境之下，学习者通过意义建构的方式，才能获得相应的知识。因此，教师并非教学活动中的决定者，而是教学活动中的引导者与参与者。建构主义基本理论包括以下三点。

（一）学习是有意义的学习过程

学习是个体与外界环境相互作用从而获得知识的过程，但获得信息的过程并不是漫无目的，而是明确目标、有的放矢。学习者通过确定自己的需求和目标，然后更有针对性地选择和利用资源，从而使学习更为高效和有成效。与被动接受知识相比，主动学习更能激发学习者的兴趣和热情。在这个过程中，学习者通过提问、探索和实践，主动参与到知识的构建和发现中，从而深化理解，增强学习的意义和价值。由此可知，学习不仅仅是一个线性的信息接收过程，它还包括了对已学知识的反思和自我评估。通过反思和自我评估，学习者可以了解自己的学习方法和进展，并找到优点和不足，从而不断调整和提高。

因此，学习不是孤立的。它需要将新知识与已有知识相连接，与实际生活和工作相结合。这样才会增加学习的动力和满足感，使学习变得更有意义。

（二）学习是一项协商活动的过程

学习者具有个体独特性，每位学习者拥有独特的认知结构。基于不同的认知结构，面对外部世界的理解各不相同。因此，学习过程是一种经过协商和时间磨合后达成共识的过程。

（三）学习是学习者在一定情境下的体验

学习的真正目的并非让学生成为学术界的理论家。学习在真实生活情境中是一种有效解决现实问题的手段。为学生创设相应情境引导学习者根据自身已有的知识结构解决相应问题，从而达成学习的高效与成功。即便面向同一内容，教学情境一旦发生改变，教学目的随之发生变化，学习者对于同一概念的理解也将有所变化。

由此可知，学习这一过程并非与社会环境相隔绝，相反，知识建构过程是与社会相互影响，而学生间的相互交流、相互交往将会影响学生个体的知识建构。学生之间的经验与面向学习情境的不同，对知识理解存在一定差异，学生对知识理解是多元发展的，学生通过相互交流，可以从多角度建构知识。在英语教学与文化教学过程中，教师进行情境的创设，学生可通过不同语言与文化，建构独立的知识体系、文化体系和价值体系，在模拟情境中掌握外语应用的能力。

二、探究式学习理念

探究式学习理念，旨在培养学生自主学习能力，关注学生的主体地位，突出学生主动性和能动性的发挥，引导和培养学生实践与创新精神。探究式学习中，学生所要探寻的问题往往成为探究式学习的核心内容。因此，探究式学习也可称之为问题导向式学习。学生在进行探究式学习过程中可以获取处理信息的能力、主动学习和探究的能力、分析问题并解决问题的能力、生生互动与协作的能力。探究式学习是学生形成科学的学习观念，构建属于自己的知识体系，培养责任感，培养学生个体终身学习能力的一种有效途径。

外语教学中的探究式学习，要求教师主动将教学过程中的核心问题设置为本课载体，创设分析问题的情境，并引导学生寻求解决问题的路径、策略。教师引导学生通过探究获取知识并充分运用知识，学生获取他国文化信息后妥善处理文化信息与母语文化信息的隔阂与障碍，通过探究式学习实现外语教学与文化教学新探索。探究式学习主要包含以下三种途径。

（一）激发学生兴趣，培养学生自主学习的能力

兴趣是学生最好的老师。教师可通过创设轻松愉悦的学习氛围，应用现代教学技术，在视觉与听觉方面为学生体验提供教学新感受，创设出具有活力的学习氛围，引发学生学习兴趣。

（二）培养学生反思性学习的能力

学生在学习过程中，经过一个阶段学习，一方面，学生会取得一定的成绩；另一方面，也会出现一定的问题、挫折与困难。反思性学习，就是引导学生面向教学内容，主动思考，以学习目标为反思对象，深入思考与探索教学知识与教学技能的成绩与困境。反思教学通常具有开放

性、探索性、灵活性的特征，旨在培养学生通过反思归纳，提升学生思维能力，提高学习效率。

（三）培养学生创新能力

创新能力是探究式学习培养的终极目标。通过探究式学习，引导学生运用科学的学习方法，开发自我潜能，并对已有的学科教材，进行创新式思考。在此基础上，教师创设问题情境，对学生开展有效思维训练，鼓励学生独立学习，独立思考，从而鼓励学生创新行为，促进学生思维创新式发展。引导学生创造性解决生活中的问题、学业中的问题，培养学生的创新能力。

三、人本主义理论

人本主义理论是在人本主义学习观和教学观的基础之上发展起来的，该理论强调人性自然。人本主义理论认为，人具有开发自己潜能的无限能力与无限动力。人的知觉可以激发人的行为与人的学习，人的行为反映人对自己的看法。人本主义理论与外语教学融合体现在，外语教学旨在发掘人的价值，发挥人的潜力，凸显人的独立个性。因此，人是学习者，学习是自我不断塑造的过程。

人本主义强调教学过程，强调教育的重心并非教师的"教"而是学生的"学"，教师应当将教学内容与学习者的生活相连接，为学生创造有利于学习和成长的氛围，创设以学习者为中心的学习情境。引导学生选择适合的学习方式与学习素材，帮助学生从学习素材中获得外语学习的兴趣，而非一味地灌输。

第三节　认知建构主义理论的应用

20世纪90年代，建构主义理论改变了传统的教育理论，一改传统课堂中沉闷枯燥、难以激发学生学习兴趣、难以培养出创新型学生这一困境。

建构主义理论强调教师是教学的引导者与组织者。知识并非教师传授而是学生通过主动建构获得知识，学生是教学的中心。建构主义理论中情境、协作、会话和意义建构是创设教学环境四大因素。下文将围绕建构主义四大因素进行理论与应用探索。

一、认知建构主义教学观

（一）外语教学中的建构主义教学观思考

世界经济贸易飞速发展，国际的交流与合作日益频繁，国际教育打破本国壁垒走向国际化发展。教育人才的培养与发展，是争取经济发展主动权、话语权的主要内容，培养创新型人才是提升国家综合实力，是国家在激烈的国际竞争中处于不败之地的关键内容。

国际化发展引发人们交际的需要，外语学习成为一项普遍而又广泛存在的技能需求，为适应时代、适应社会发展，需要培养大量的外语人才。

瑞士心理学家皮亚杰曾明确指出，知识是由认知主体开展积极建构而获得。"建构"一词常用于建筑行业中建构楼房、建构桥梁等情境。建筑行业谈及建构一词，是指将钢筋水泥等材料，通过合成获取新的结构性产品。知识建构是指当学习者面临新问题、新挑战和新情境时，会根据情境中的已有线索，根据先前类似经验解释新信息，回答新问题，赋予新的意义。因此，在建构主义学习观中，解决具体问题时，学习者需根据当前面对情境，从已有知识体系中寻求解决方案，进行加工与创造。

对于外语教学中涉及语言知识的教授内容，建构主义反对教师灌输、学生被动学习的教学方式，强调情境交互作用，通过建构知识过程，引导学生灵活学习外语知识，强调知识具有主动性、情境性和群体性。

1.主动性

主动性是指在外语教学过程中，教师引导学生以主动研究与探究的方式开展学习活动，并且对新知识、新内容加以理解，建立在已有的知识与经验基础之上的知识架构。

2.情境性

情境性是指在外语教学过程中，为学生创设真实情境或类似情境，使学生亲身体验和亲身实践，再由教师强调知识的实用性和课堂活动的实际运用性，使外语教学更具实效性。

3.群体性

群体性是指在外语教学过程中，教学并非教师与学生的互动过程，而是社会互动性过程，外语教学本身具有交流性、实践性。因此，外语教学应在自然环境之中与学生、教师相互作用、相互合作、共同完成。

（二）外语教学中建构主义学习观

1.学习是认知结构发生改变的过程

学习是"教"与"学"双向构建过程，并非简单知识输入存储与提取过程，而是同化与顺应相互作用的过程。教师引导学生通过提取新知识中与原有经验相一致的旧知识，同化新知识并主动意识到新旧知识之间的矛盾与冲突，再设法解决矛盾与冲突。因此，学习的过程并非单向存储，而是学习者一方面可以获取新知识新经验，另一方面对已有的知识和经验结构发生改变的过程。

2.学习是个体建构知识的过程

个体与环境在相互作用的过程中实现意义建构，通过新旧知识相互作用，促进学习者积极建构知识。学习者对新知识做出创造性理解，根据已有知识经验，对建构对象做出新解释，建构属于自己的知识体系。

（三）学习情境四大要素

学习情境四大要素包括情境、协作、会话和意义建构。

1. 情　境

情境是指学生必须在有意义的情境下，对所学内容产生意义建构，因此，创设学习情境是学习设计中重要一环，学习情境必须有利于学生学习，教师应主动创设适宜的情境。

2. 协　作

协作贯穿学习过程始终，从学习资料的收集与分析，假设提出与验证，到最终形成学习成果并对学习成果做出评价。在学习的全过程中，协作始终发挥着重要作用。

3. 会　话

会话是意义建构重要手段之一。在教学实践中，学习小组成员通常通过会话形式，探讨如何达成学习任务，实现学习目标。

4. 意义建构

意义建构是认知建构主义学习过程的最终目的。通过为学生建构意义帮助学生深刻理解学习内容中所反映的事实、事物规律以及事物之间隐藏的内在联系。

建构主义在外语教学中得到较好实践，伴随现代技术不断发展，在中国，外语课堂中多媒体广泛应用为学生建构外语学习环境提供了有利条件。教师通过利用现代媒体技术，突破传统教学界限，在课堂中唤醒学生视觉、听觉等多种感官，打造形象生动的教学内容，激发学生学习兴趣。

教师采取任务式教学，引导学生分组探究，学生采取协作学习方式，学生间相互合作，多途径多方式建构外语学习环境。教师在该环境中开展教学，从而激发学生的主动性与能动性，有利于学生外语知识的习得，并为学生建立学习外语的自信，使学生自身得到全面发展。

（四）建构主义学生观

学生是学习的主体，也是生活中不断发展的个体。因此，学生是学习活动中意义的建构者，而非被动的接受者。教师教学过程中必须关注学生已有的知识经验，将已有的知识经验作为新的生长点，引导学生搭建新旧知识的桥梁。

建构主义下的学习者，可以从以下三方面，发挥出学习者主体作用。

（1）采用探究的方式探寻和构建知识的意义。

（2）搜集相关资料提出假设并加以查验。

（3）学生实现新旧知识相互联系并深入思考。

建构过程中，学生能否将联想与思考过程相结合，决定意义建构过程的效率。众所周知，大部分学生在进入教室学习新知识之前，已有自己的知识基础与相关学习经验，教师不应无视学生已有知识与经验，而应试图立足已有知识与经验，并在此基础之上架构新的知识与经验。

由于语言差异与文化差异，部分学生对外语的理解可能是片面的，教师应当了解、理解并思考学生对外语理解的思想根源，引导学生转变或调整对外语的认知理解，在这一过程中需要教师与学生的协商参与，从而共同探索做出调整。

二、外语教学中认知建构主义理论应用

（一）情境建构

1. 教学中的情境建构意义与作用

教师营造出生动有趣的教学情境，引导学生主动参与其中，激发学生的求知欲和探索欲。使学生在教学过程中产生兴趣，主动探索知识，从而激发自我潜能。

语言是情境中的语言，语言一旦脱离了相应情境，便失去意义，仅仅

是文字符号而已。因此，教师为学生创设相关情境，是帮助学生更好地构建新知识的有效途径。比如，背诵字母，记忆单词是辛苦而枯燥的过程，当教师为这些单词和字母创设具体的情境时，学生在具体情境中应用字母与单词，一方面，感受到了单词与字母的实际作用；另一方面，体会到了学习的快乐，激发了学习的兴趣，也有助于提升外语教学质量。

2. 直观情境

直观情境是一种常见的教学情境建构，通常教师将教学内容由抽象的文字转化为可观、可感之物，可以助力提升教学效果。

实物直观是采用与教学内容相一致或相类似的实际事物或模拟形象来呈现，例如在学习球类时，教师可应用真正的球，将教学内容与生活实际相联系，也可以在黑板上画出简笔画版的足球与篮球，便于学生认读，还可采用幻灯片、卡片、图片等形式，起到同样作用。

直观教学中的言语直观也是常见的直观情境。教师采用声调、节奏、情感等因素，通过口头描绘场景，为学生勾勒出情景与画面，引导学生理解剧情中人物的情感，并通过语言语调加深学生对课文内容的理解。在情景交际内容教学过程中，教师采用言语直观的方式为学生创设情境，帮助学生认知和理解新的词汇与句型，再给予学生一定的刺激，让学生投入情境。同时教师应具有一定的教学机智，可以灵活处理课堂突发状况，避免学生分神或分心。

3. 问题情境

设问是一种有效引导学生思考与探索的途径，教师有目的、有意识地去创设问题情景，引导学生探究深思，发现问题并试图解决问题。

首先教师必须围绕教学内容与教学任务，提出有价值、有吸引力、有意义的问题，激发学生对该问题的求知与探索心理。教师引导学生面对该问题时，主动将新旧知识相互联系、相互对比，并尝试从已有的认知结构中探寻解决问题的思路与方法，从而开展有效教学。

创设问题情境是培养学生解决能力的方式之一。创设问题情境应当是教师通过深思熟虑后选取有价值、有意义、有难度的问题，该问题可贯穿课堂教学全程。教师在学生寻求问题答案过程中，引导学生参与思考，将学生被动参与转为学生主动思维，促使学生在问题情境下将所需的相关知识与内容实现从教师灌输到学生主动探索的转变。

4. 故事情境

故事情境通常是指教师创设出具有丰满形象、情绪色彩的故事场景，引导学生扮演其中的角色并且深入故事情节，从而实现学生自主学习获得知识的目的。

创设故事情境能够较好地激发学生学习兴趣，因此教师在创设故事情境时必须将学生所处年龄段作为重要参考。面向低年级学生可创设富有童趣、活泼生动的场景，面向高年级学生可创设有益智性、有跌宕情节起伏的故事。故事情境创设后，引导学生应用并主动输出已有知识或新学习知识，从而实现教学目的。

5. 活动情境

活动情境是教师通过开展一系列活动，激发学生主动思考，合作交流，灵活运用所学知识的能力。常见的活动情境包括游戏、短剧、配音等活动。通常，活动情境需要学生相互合作，激发主动学习的积极性，培养学生合作学习分工协作的重要能力。学生主动参与教师创设的活动情境中，一方面，可以吸引学生的注意力，提升课堂教学效果；另一方面，教学活动中蕴含的教学内容可以帮助学生在不知不觉过程中熟悉和运用所学知识。

6. 情境创设方法应用

建构主义强调将学习与一定情境相联系，为受教育者创建可以积极参与的相关情境，并在情境之中施加教育影响，教育者通过多样的情境创设法，逐步培养学生运用外语的能力，激发学生学习兴趣。常见情境创设方法包含语言描绘情境、内容丰富情境、情感渲染情境、多媒体虚拟情境等多种情境。

（1）语言描绘情境。语言描绘情境是指教师通过语言描述为学生创设情境。这种方式对学生认知活动起导向作用，采用语言描绘情境是最简单便捷的情境创设工具。教师应用语言描绘时，可与问题情境、故事情境、活动情境等其他情境相结合，提高学生的参与度，有助于保证教学效果。

（2）内容丰富情境。内容丰富情境是学生在教师创设的情境中充分调动主观能动性，主动学习掌握知识内容。教师丰富教学内容，充实情境教学，并针对听、说、读、写四方面能力，根据学生年龄心理特征，选取情境，创设侧重点，丰富课堂形式，增加课堂内容。

（3）情感渲染情境。情感渲染是从教学内容出发，教师根据教材，创设富有情感的场景与氛围，引发学生产生积极的情感体验，引导学生学习并理解相关教学内容，促进学生身心全面发展，提升教学效率，达到良好的教学效果。

（4）多媒体虚拟情境。多媒体虚拟情境是指教师利用多媒体创设虚拟情境，创设语言环境，引导学生在类似情境下开展教学活动，激发学生兴趣。教师精心备课后依据相应的教学资料与素材，创设多媒体虚拟情境，可以起到事半功倍的效果，既可以吸引学生注意力，也使教学内容更具生活化、趣味化和真实化。

（二）外语教学中的协作

协作作为建构主义教学中的一部分，主要是学生以小组为单位，面向一定的教学目标，采用的行之有效的学习方式。通过采用协作的方式，一方面可以促进学生完成教学目标，另一方面学生在相互协作的过程中也实现了合作能力的培养与提升。学生在共同目标的面前，首先更改各行其是的态度，转换为相互合作追求共赢的态度，团队小组的各个成员一方面要考虑自己的任务，另一方面也要学会与团队成员相互协作完成一个大的任务。学生为了实现协作的目标往往会突破极限，实现单人难以突破的目标，学生相互沟通、相互交流为最终目标的实现，提供更大的可能。

前文提及，学习并非学习者被动接受的过程，而应当是主动参与、积极投入的过程。在外语教学中包含协作的模块主要由倾听、沟通、交谈三部分构成。

1. 倾　听

倾听是指教学过程中一方无条件地聆听另外一方的建议、感受与思路，倾听是开展其他教学活动的前提，只有明确对方的意见与感受，才能有效地做出反馈。

2. 交　谈

交谈是指在场所有人可以就一个问题、一个思路、一个想法畅所欲言，提出自己的观点与看法，表达出自己的见解。交谈是外语教学活动中，交际双方实现有效交流互动的方式。

3. 沟　通

沟通则是交谈双方就一个问题，提出自己的立场，提出自己的看法，进行有效交流。通过沟通可以找到问题解决的方案。

为了全面发展学生的外语素质，教师需要为学生构建出一个完整的活动体系。在这个体系中，学生可以参与各种交往活动，融入一个个集体之中，与集体之中的伙伴用外语交流，协作解决一定的问题，创造出一定的成绩。也正在这个体系之中，学生有更多的机会历练自我，主动地进行语言操练，与同龄人交流、交往，甚至有机会在这个过程中评价自我、评价他人，从而对照出自己的不足与前进的空间。

外语教学常见协作模式，是由教师主动将学生划分为若干组别，教师在划分组别时应参考学生的年龄结构、知识结构、能力水平、潜力空间、个性特点等因素。教师划分组别之后，应引导学生采取同组竞赛、小组辅导、共同协作等方式完成教学任务。教师在这一过程中需要关注学生的学习状态，引导学生协作解决问题，激励学生不断尝试。常见的外语教学形式有以下几种，如下图所示（图 5-1）。

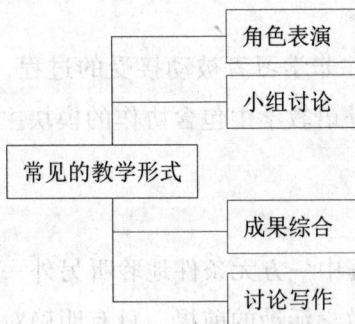

```
                        ┌─── 角色表演
                        │
                        ├─── 小组讨论
                        │
        常见的教学形式 ──┤
                        │
                        ├─── 成果综合
                        │
                        └─── 讨论写作
```

图 5-1　外语教学常见的教学形式

（1）角色表演。教师在开展故事、传记、对话等类型的文本教学时，可以采用角色表演的协作教学方式。教师划分小组之后，每个小组需要针对本课表演的话题内容，利用语言知识，以朗读或者背诵的形式进行汇报表演。角色表演的协作教学方式简单易行，具有趣味性，适合于语言学习的初学者和年龄较低的学习者。

（2）小组讨论。通常面对教学内容为某一话题，或者根据教学文本可以衍生出某一话题时，可以采用小组讨论的教学形式。小组讨论的形式，实际上就是在较小的范围内开展头脑风暴的尝试。一方面，学生集思广益，阐述自己的看法与观点；另一方面，学生在思考的过程中，本身就是一场聚合思维的过程。

（3）成果综合。外语教学过程中，教师在面对某一个话题，如"季节""节日""饮食"等内容时，由于话题内容具有一定的开放性，教师可以尝试采用成果综合的协作教学方式。教师划分小组之后，各个小组成员就探索话题查找相关资料，并在组内充分讨论后，选出代表人进行汇报演讲。此种协作教学方式，具有开放性，同时，也对学生的相关能力做出综合的考验。

（4）讨论写作。此种协作教学方式，必须应用于具有一定外语语言基础的学习者，教师布置写作话题或者相关图片，引导学生充分讨论话题内容、图片内容、写作思路、相关想法之后，教师可以在课后布置写作任务，开发学生的创新思维，同时培养学生的写作兴趣。

综上所述，协作在外语教学中主要锻炼学生的口语表达能力与思维综合能力，同时，协作也是一种有效的智能开发途径。

（三）外语教学中的会话

语言与社会功能密不可分，可以说社会没有语言难以正常运转，语言脱离了社会，仅仅是堆砌的文字符号。因此，语言交际活动的交际目标的实现，是交际双方存在某种默契，交际过程涉及的谈话内容始终与交际目标保持一致的体现，也就是人与人在交际活动中，话语始终围绕着交际目标的实现。会话是语言实践的一种基本方式，因此，外语教学必须与会话紧密相连。

建构主义中提及，会话是语言传输的重要方式。审视语言教学可知语言学习具有相似性，几乎所有国家的语言都必须经过多听、多看、多模仿的方式培养口语表达能力。教师为学生创设多说外语的情境，引导学生从旁观者转向参与者，学生在参与的过程中获得了信心，同时激发学生进一步探索外语的勇气。

外语口语能力、听力能力、会话能力的发展并非输入就可以实现，听、说、读、写交互的环境才能有效地提升外语教学的学习效果。教师的作用不仅仅体现在相关知识的教授，还体现在积极主动地建构教学情境，激发学生的兴趣与好奇心。为学生创设出会话情境，增强学生的互动意识并创设出一定的互动机会。学生可以在教学过程中发挥一定的能动作用，多说、多练不断完善自我，才能真正实现教学的实用性，提升学习的实用价值。

（四）外语教学中的意义建构

传统教学中的"填鸭式"灌输知识，教师是课堂的主宰者，学生难以开口练习，难以实现语言的交际目标。意义建构强调学习者是教学的中心，因此，学生是外语教学的主动参与者，教师是学习的引导者，学生在教师的引导下，实现信息加工与信息输出，最终达到良好的教学效果。

1.听力教学中的意义建构

听力教学中经常出现学生在面对教材中没有的生词时，往往感到茫然失措，难以理解。传统教学中，教师普遍采用解释句型结构、分析语法的方式解决这一难题，虽然这些方法有时也能起到一定的作用，但是往往收效甚微。

听力往往包含大量的目的语文化背景，教师外语教学过程中如果忽视了文化教学，忽视了文化背景的引导，学生在听力时就难以真正理解听力材料中的内涵。因此，教师主动引导学生扩大知识面，关注目的语的文化教学，帮助学生真正理解文章中的语境，才能使学生在开展听力练习时，将听力材料中的内容与已知的文化材料相结合，实现新旧知识的意义建构。

2.阅读教学中的意义建构

阅读教学中的意义建构指的是外语教学中教师帮助学生组织教学的策略与技巧，即帮助阅读中的相关文章提出有计划、有目的的训练方式，帮助学生寻找文章主旨，构建出文章的主体，训练学生总结、概括的能力。

学生在教学过程中可能会遇到一些问题，教师应引导学生不急于查找生词的含义，而是先从语篇的中心概念入手，引导学生通过理解、推断等方式把握篇章的整体含义。

在学生开展阅读之前，教师可以首先通过创设相关情境，在导入环节激发学生对篇章的阅读兴趣。学生带着兴趣阅读与被动阅读产生的效果是截然相反的。学生带着兴趣阅读，会将阅读的重点置于文字背后隐藏的意义，可以体会到文章背后字里行间的深刻内涵。

人脑储存知识时，知识之间并非孤立存在，而是由一个个知识模块构成，这里的知识模块指的是图式，图式代表的是一种结构和框架，教师将文章的内容结构化，形成图示则会有利于学生的记忆。因此，过去教学中将单词、句子、文章孤立教学，并不利于学生从整体理解文章，把握文章的结构。而教师将词汇、语句、文章进行整体教学，不仅有利于学生整体理解，还有利于学生在理解整体文章的基础上建构可视化的语义网络。

3. 写作教学中的意义建构

写作技能相较于听、说、读技能而言，较难获得。写作是对学生技能的综合应用，因此，当学生的语言基础较差时，很难将自己的思想顺畅地通过文字表述出来，所以写作是一种对学生综合能力的考查。

写作并非在一个小时或者两个小时完成的一项任务，写作实际上是教师平时对学生潜移默化的影响，引导学生在不知不觉中发生变化，从而完成写作任务。例如，上文提及的协商内容，是针对某一个主题，经小组讨论后，得出结论，一旦讨论过程与结论内容以文字的形式留存，则顺其自然地完成一篇写作任务。

由此可知，意义建构是教师在课堂教学过程中，有效组织教学内容，创设教学情境，引导学生在教学情境之中解决问题，然后教师要求学生以写作的形式，完成本课的学习。教师在日常生活中，培养学生写作的好习惯，这样学生看待写作也不会是以一种面对难题的视角。教师激发了学生学习的兴趣，学生有了求知探索的欲望，则会发挥自主性、主动性、积极性，并有效地参与教学目标的实现。

综上所述，建构主义教学理论在外语教学中的作用举足轻重，教师转变教学思路，应用建构主义教学理论在实践教学过程中，实际上是一种有效的教学方式，它在改变教学思路的同时，也充分发挥了学生的主体性。

第六章 跨文化交际背景下外语教学模式的改革

第一节 跨文化交际背景下翻转课堂教学模式的构建

一、翻转课堂

（一）翻转课堂的内涵

想要明确翻转课堂的内涵，必须先明确传统教学课堂模式。在传统教学课堂模式中，教师仿佛一名课堂指挥家，挥动着手上的教鞭，参照着教科书中的内容，指挥着学生按照教师教学既定的路线前行，教师通过主讲的方式，将教科书中的重点内容，灌输给学生。学生在课堂中并未贡献出过多的参与价值，主要以听讲为主，教师也很难在课堂上感知学生掌握知识的情况，往往会忽视培养学生的合作探究能力。

翻转课堂教学模式相较于传统的课堂教学模式不只是转换了教学顺序或者一个"在线课程"，而是对传统教学模式的颠覆。翻转课堂是将原本上课讲授的知识提前到课前完成，原本在课下布置的练习活动转移到课上，通过合作探究的形式完成。乍一看这只是教学顺序的转换，实际上却是知识传递方式的新升级与新优化。传统课堂教学模式强调教授而非学生的自主学习，强调知识的传递而非知识的内化与应用。翻转课堂真正打破了传统课堂教学模式，以学生为课堂主体，教师需要起到的是一个引路人的工作，引导学生自己学会学习，自己找到学习的疑问，自己解决学习中的困惑，这也是翻转课堂的深层内涵。

（二）翻转课堂的特点

翻转课堂主要有以下四个特点，如下图所示（图6-1）。

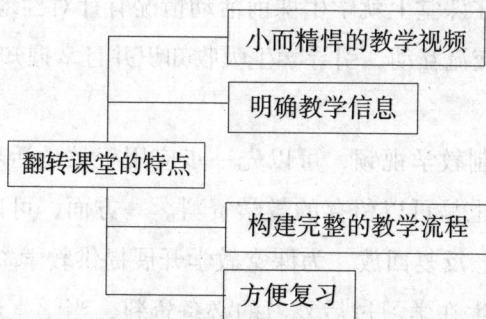

图6-1　翻转课堂的特点

1. 小而精悍的教学视频

教学视频是翻转课堂中必备的教学资料，学生教学成果质量一部分是由预先教学视频的质量决定的，学生如果未能提前学会教学视频的内容，也就很难开展后续的课堂教学流程。因此，教学视频必须做到即使时间较短，但也要有质量优良，针对性强的特点。

教学视频必须是针对特定的问题，对症下药，直击本课重点与难点。教师在录制教学视频之前应反复推敲，不断演练，录制出优质视频，为后面的教学活动奠定良好基础。为了学生更好地应用教学视频，可以采用网络发布视频的方式，不仅学生可以在观看时随时暂停、回放，也可以不受媒体限制开展教学活动，促进学生的自主学习。

2. 明确教学信息

教师在录制视频时，应考虑视频不具备监督功能，因此，教师录制视频时为了避免其他信息，例如教室内其他与教学无关的物品对学生的注意力起到干扰作用，应该有意识地为学生排除干扰物，明确教学信息的主体内容。

3. 构建完整的教学流程

翻转课堂是对传统课堂的颠覆，是对整个教学过程顺序的一种新的调整与尝试，从根本上重构了学生的学习流程。教师在录制课程视频之前就已经明确了学生在学习过程中有可能出现的困难，预先确立课程的重点与难点，并在课堂上就学生课前活动情况有针对性地进行专门辅导，开放师生之间的交流互动，引导学生吸收知识并且掌握知识。

4. 方便复习

教师提前录制教学视频，可以先一步应用于教学活动，同时提前录制的教学视频，也是可以留存的教学资料。一方面，可以在学生的学习过程中反复学习、反复回放，为课堂教学开展提供教学资料；另一方面，教学视频也是学生在学习过后复习的必备资料，当学生遇到困难，或者遗忘教学内容时，可以随时回放教学视频，唤醒学习记忆。

（三）翻转课堂的优点

翻转课堂并不是一场弱化教师地位的变革，相反，优质的教学视频、高效的课堂活动、组织学习环境都需要教师拥有较强的能力。首先从优质的教学视频来看，不管是制作视频过程还是发布视频的平台都需要教师做出努力，从某些角度来说，翻转课堂的教学内容是由教师来决定的，教师的甄别能力至关重要。教师完成制作教学视频之后需要提前列出学生有可能遇到的学习问题，在课堂之上有的放矢地引导学生思考，课上组织学生展开讨论、答疑解惑，教师从旁及时加以指导，解决学生面临的问题。

翻转课堂一方面是对教师教学方式的一场声势浩大的变革，另一方面，翻转课堂也是学生成为学习主人的最佳机会。学生一改过去被动接受来自教师或者书本的知识，转变为积极参与，主动获取，确保了学生在教学环节中的主体性地位。另外，翻转课堂是学生在上课之前预先通过教学视频学习相关的知识，因此，学生可以根据自身情况，也就是根据自己的学习速度、相关知识的储备量自己调控学习的速度和时间。对于基础较好，接受能力较强的学生而言，可以一次性完成观看，并且完成相应的教学任务。对于基础薄弱或者是理解较慢的学生而言，教学视频可以通过多看几次、不断回放掌握必要的知识。对于每个学生而言，自己难以理解、不能解决的问题可以带到课堂上来，通过学生之间的合作探究、向教师提问等方式解决问题。长此以往，一些学生的学习成绩会逐渐提升，基础逐渐夯实，同时由于这个教学过程包含学生的自主学习，师生合作探究等内容，因此，不得不说，翻转课堂提升的不仅仅是学生的书面成绩，也是对学生的综合能力的一种提升。

教学内容从原来范围较大、难以找到重点的书本之中，转换为现在教师将重点和难点浓缩入视频之中。这在无形中为学生画出重点，为学生缓解寻找重点的焦虑感，学生在家观看教学视频，可以以最快的速度完成教学任务，在时间和空间的选择上也更加灵活。

除了从翻转课堂本身研究其本身的特点，翻转课堂还具有以下两大优势。

1. 学生为教学中心

正如上文所述，学生在教学内容这个部分主要以自学为主，学生在自己观看教学视频的过程中，也可以就自己仍有困惑的内容，或者是自己感兴趣的内容，通过互联网等方式查找相关资料，丰富自己的相关知识。在信息查阅这一环节，学生自然而然由被动变为主动，主动去收集相关内容与资料。因此，学生可以在上课时，充分利用课上时间，进行课堂的交流、互动、讨论、探究，这些成了学生延展教学内容的有效方式，学生也真正成了课堂的主人、教学的中心。

2.增强学生自主性

学生在观看教学视频时，可以根据自身情况，也就是根据自己的学习速度、相关知识的储备量自己调控学习的速度和时间，自主拓展相关内容。

教师与学生共同交流探讨，合作探究的学习方式极大增强学生的学习自主性，学生不是为了记住某项知识而学习，而是真正地成为学习的主人。

二、CBI 翻转课堂引入外语教学的可行性

外语教学具有外语语言目标和文化目标双重目标，因此仅凭借传统的教学模式是难以满足外语教学的文化目标需要。除此之外，因为外语教学的语言交际技能需要充足的课堂时间开展技能训练，所以，传统的外语教学模式难以满足跨文化交际的外语教学需求，必须探寻一种新的发展途径。

CBI（Content-Based Instruction）是一种内容依托教学法的简称，CBI理论是以融合学科内容和语言教学为理论核心，深化理解教学内容，提升语言能力为目的的教学方法。这种以内容而非语言项目为教学方法的新型教学模式，通过与翻转课堂相融合，不仅能够有效确保外语教学中跨文化教学的顺利开展，也有利于实现以学生为主体的教学目标。依托网络技术与平台，CBI 翻转课堂将传统教学模式中的课堂知识讲授与知识内化两个模块提前至课前，通过教师及时有效的指导，引导学生完成自主学习。

翻转课堂教学模式将"知识学习"置于课前，从而有效地延长了学生的学习时间。同时，随着科技的进步，在线教学平台功能进一步完善，也为师生之间的互动与交流提供了便利。

前文已述，建构主义学习理论认为，学习是学习者主动建构自己知识和经验的过程，因此，学习应该以学生为中心、教师为引导的活动。学生在课前单独完成"知识学习"的课堂准备环节中，可以在老师的指

导下进行个性化知识学习，并充分根据学生自身特点和个体需要，进行深入的独立思考和创造性研究，成为知识的积极学习者和建设者。

在课堂学习环节中，学生可以独立完成或与他人协作共同完成课堂中的任务，通过"边做边学"的模式，不断完善自己的知识体系，从而提高自己的学习能力。由此可以看出，在跨文化交际课程的外语教学中，引入翻转课堂教学制度，不仅可以为教师创造足够的教学时间，还可以引导学生达到课程需要掌握的水平，有效地激发了学生的自主能动性、自主建构知识体系的学习过程。

三、跨文化背景下新型教学模式的构建

（一）确立新型教学模式机制

跨文化背景下新型教学模式的教学运行机制是课堂教学内容与其他各教学环节是否能顺利开展的前提。

在设计该模式运行机制前，教师可以根据翻转课堂教学模式的基本结构，确立课前教学和课堂讨论、答疑和技能训练的基本流程。在确定设计课前教学和课堂讨论、答疑和技能训练的主题基础上，教师可以在课前线上教学中加入外国文化背景和跨文化交际相关知识与素材，并根据学生的学习基础，构建外语语言知识和相关文化主题知识。

课堂上，围绕主题内容开展各种活动，即根据 CBI 理念倡导的外语语言技能，并结合跨文化交际课程的特点，围绕学前内容的主题安排各种跨文化语言学习交流任务。

教师通过精心构建和安排课前和课内两阶段的具体教学关系，形成科学有序的运行机制。让学生能够依靠课前的相关学习内容，课上就所学内容相互开展相关的探讨、训练活动，有效构建文化主题知识体系，提高学生课堂跨文化交际能力。

（二）建设自主学习资源

在外语教学的翻转课堂环节，教师需要确保自主学习资源被用于学生的课前网络自主学习。相关的文化主题和跨文化交际策略的学习资源是学生重要的知识来源，也是在课堂上讨论、技能训练，培养跨文化交际能力的必要前提。

在构建、筹备翻转课堂教学中的自主学习资源时，教师可以参考 CBI 对学习材料选择的三个要求。

（1）确保学习材料的质量，教师必须选择目标语系中，正宗地道的文本、视频和音频材料。

（2）教材的内容应与实际生活相关联，以满足学生在实际运用中的需要，同时内容应生动有趣，能够激发学习兴趣。

（3）学习材料应帮助学生进一步深入思考，回归学习主题，加深学生对内容的理解。

基于以上三点要求，首先，教师在设计外语教学翻转课堂的自主学习材料时，可以通过国内外相关教学资源权威平台收集与课程主题内容有关的资源，除此之外，从外国电影和其他权威渠道收集跨文化情景交流视频，也是增加趣味性和吸引力的有效途径。另外，也可以选择外国原文书籍、权威报纸和知名期刊中的相关材料和内容。

其次，基于建构主义原则，教师需要为学生创设相关的教学情境，因此，教师应该选择与实际生活相关，且学生喜闻乐见的学习资源，增加教材实用性的同时，提高学生对学习材料的注意力和兴趣。

最后，教师依据启发式原则，选择更能突出跨文化差异的教材，鼓励学生面对跨文化交际的障碍时能够通过所学知识灵活运用并解决交际中出现的问题，同时引导学生思考问题背后的文化内涵，提高跨文化敏感度，加深知识的内化。

（三）设计学习任务

学习任务是贯穿课堂的主线。在外语教学的翻转课堂环节，课前的学习任务属于知识型学习，目的在于引导学生自主探究，课堂学习的任务是促进学生知识的内化，提高学生的跨文化实际交际能力。

在课前和课中设计不同的学习任务时，教师可以主动遵循 CBI 理论的指导思想。通过多样化的作业，鼓励学生以自主学习和多人合作研究的形式，创造性地思考、讨论并且深入研究学习内容，建立健全知识体系。

另一方面，在运用知识的过程中，学生的各项应用技能将得到实质性的提高。根据 CBI 理念，在跨文化交际课程的课前自主学习阶段中，教师可以借助中西方文化对比、文化现象讨论、案例分析等形式，引导学生的创造性思维，深入探索跨文化主题，这种在课前以文化差异现象为导入手段的学习任务，能够激发学生的学习兴趣，再通过资料查找、整理和分析后，形成属于学生自己的知识架构，有利于后续课堂教学的展开。

一方面，在课前自主学习的基础上，学生可以在课堂教学环节就所掌握的知识相互分享、相互探讨，教师从旁引导，从而加深学生对学习主题的理解，并获得启发，促进每一个学生在语言使用、跨文化交际技巧、跨文化意识等方面的全面提升。

在课堂教学中，教师可以设计与跨文化交际有关的外语教学内容和教学任务，比如文化现象分析或情景对话等练习。这种方式有助于唤醒学生的课前学习记忆，引导他们将自主学习的成果运用于实践中。在分析和解释案例以及应用知识的过程中，学生可以提高跨文化意识和灵活运用跨文化交际策略的能力。这有助于学生在跨文化交际教学中，灵活运用相关跨文化交际策略并体验跨文化交际的过程情境，通过应用以前的知识执行各种任务，有效地锻炼和提高学生的跨文化沟通技能。

第二节 跨文化交际背景下 BOPPPS 教学模式的构建

面向不同文化背景，人与人之间的交往就是跨文化交际。随着现代科技的发展，交通工具与互联网拉近了人与人之间的空间距离，即便是相隔千里且文化背景截然相反的人，也可以乘坐交通工具见面交流，或者采用通信手段实时联系，人与人之间的距离因此正在缩短。

跨文化交际已经成为全球化趋势下的一个普遍现象，关于跨文化交际的研究也随之蓬勃发展，其中，外语教育是跨文化交际中的一个重要组成部分，如何在外语教学中更好地实现跨文化能力的培养引起了众多学者、专家的关注。

一、BOPPPS 模型理念

BOPPPS 教学模型是一种"以学生为中心，教师为主导"，有效地将外语教学实践与外语教学理论相融合的课程设计模式。该模型包括引入（Bridge）、目标（Objective）、前测（Pre-assessment）、参与式学习（Participatory learning）、后测（Post-assessment）和小结（Summary）六个模块，简称为 BOPPPS。

这种模式在一定程度上改变了以往教师为中心的教学模式，侧重于突出学生的主体地位，强调学生在教学全过程的主观能动性。为了确保学生有效地进行自主学习，教师的重要性不可忽视。在该模式中，教师作为教学的指导者，通过组织各项教学活动激发学生的学习兴趣，帮助学生有效达到学习目标。这在促进学生自主性方面起着至关重要的作用。

教师可以通过引导，激发学生在学习过程中迸发主观能动性，促使学生主动吸收知识。教师向学生展现语言材料，并加以引导，让学生自行对材料进行归纳与总结。这个过程不仅可以促使学生建立自己的语义辐射网络，探寻语言的意义与语言使用之间的关系，还可以培养学生的主人翁意识，从"要我学"到"我要学"，培养学生自我学习的能力。

该教学模式能够更好地发挥"以学生为中心，教师为主导"中强调教师为主导的核心角色，可以更有效地发挥学生的自主能力，而非以教师为中心的传统的教育模式。下文以 BOPPPS 教学模式为切入点，深入探究该模式下外语教学中跨文化教学活动的设计特点，分析教师与学生在该模式下如何充分发挥主导作用与主动性，实现学习目标与课堂教学效果。

BOPPPS 教学模式可以分为导入、目标、前测、参与式学习、后测和总结六个阶段。

（一）导　入

导入是 BOPPPS 教学模式的第一环节，其主要目的是借助各种手段吸引学生的注意力，引发学生对课程内容的关注与兴趣。具体策略包含提出课程的教学目标以及重难点。教师主动提出与主题相关的问题，一方面，吸引学生探究学习；另一方面，根据提问，教师能够及时引导学生就问题主线深入思考。此外，通过分享与主题内容相关的个人经历或社会现象，既能吸引学生注意力，又能将学生所学内容与生活实践联系起来，激发学生的学习动机。

（二）目　标

作为 BOPPPS 教学模式的第二阶段，目标阶段涉及认知、情感和心智运动等方面技能。教师应明确教学目标，在学习过程结束时，学生需要明确知道本课需要注意什么，本课需要学习什么，本课可以获得什么。对于学生而言，一个明确的目标可以概括为谁学、学什么、怎么学以及达到什么样的学习目标。学生在开展教学之前能够对课程目标有清晰理解，有助于激发学生的学习欲望，并使他们养成自主学习的习惯。

（三）前　测

作为 BOPPPS 教学模式的第三阶段，前测包含在线测试、作业、问答等形式，主要用于课前检测学生的程度与基础能力，帮助教师更好地了解学生的情况，以便于调整课堂教学的难度和深度。在这个阶段中，学生可以通过测试明确课程主要内容，教师则可以通过学生的测试结果预估他们的学习能力，并适时调节课程进度。

（四）参与式学习

作为 BOPPPS 教学模式的第四阶段，参与式学习主要涉及师生互动和学生与学生的互动。参与式学习一改被动式学习和灌输式学习的情况，教师应鼓励学生积极参与学习过程，参与课堂活动，分组讨论相关学习问题，并在教学过程中注意引导学生积极思考。

（五）后　测

作为 BOPPPS 教学模式的第五阶段，后测阶段的关键是教师通过各种验证手段，评估教学目标是否实现，学生是否掌握了所教内容。教师可以使用多种评估方法，如测试、学习情况评估表和学生设计的展示，以了解教学目标是否已实现，以便教师可以相应地调整教学方法。

通常，教师可以采用客观题或主观题的方式检测学生对于课程重难点知识的掌握情况。具体检测形式根据课程内容有所不同，如涉及应用分析类教学内容，可采用任务检测方式；涉及技能运用，则通常采用操作检测方式；而涉及态度、价值观，则可以采用态度量表或辩论反思等形式加以验证。无论何种检测方式，所得到的结论应始终与教学目标一致，并不断根据课程内容适时调整。

（六）总　结

作为 BOPPPS 教学模式的最后一阶段，总结的主要目的在于对教学内容的整理和归纳，并对学生的综合学习情况进行梳理，在此基础上，教师布置作业，并提前预告下一个课程内容。教师应该对学生的努力进行鼓励，并指出作业中应该应用的要点。

二、基于 BOPPPS 模型的跨文化交际课程的设计和应用

为了将 BOPPPS 模型理念有效地应用于外语教学的跨文化教学中，实现提升学生自主学习能力以及课堂教学效果的目的，可以对其进一步优化，将 BOPPPS 的六个阶段融入教学活动整体设计中，通过主题讲座和课外实践调查两个方面进行呈现。

（一）主题讲座

主题讲座是一种综合性学习活动，教师根据课程内容进行主题划分，通常一个课程中可包含多个细化的主题。教师引导学生采取主题讲座的形式，通过讲座形式实现教学目标。为使讲座互动具有有效性，讲座之前教师应安排主题、确定讲座目标和教学内容。主题讲座的设计涵盖了 BOPPPS 模型的前三个阶段，即导入、目标和前测。

主题讲座还是一种基于教学文本内容的教学设计。在选择讲座主题的过程中，教师必须将充足、丰富的主题加以呈现，同时确保主题在基于教学目标的基础上，突出教学重难点，并在导入、目标、前测这三个阶段中收集整理学生的问题与意见，了解学生的学习能力与基础，引导学生就主题讲座的内容积极提问、及时反馈，主动参与话题讨论，将学生讨论的相关内容加以总结与凝练，最终确定主题。

主题讲座过程中，学生可以通过针对他人的讲座独立思考，提出问题，学生之间相互交流，通过交流过程中的问题与话题，选取有价值的要点，并将关键内容浓缩为交流主题。

主题讲座的设计不仅通过教师对主题的定位、分类和界定，确保了教师的主导作用，还可以让学生明确自己的学习目标和学习重点，围绕主题学习的内容，在知识结构建设中充分发挥积极性和主动性。以"中西方文化差异对比"主题讲座为例，老师通过播放电影《刮痧》中关于家庭教育理念的视频引入课程内容。家庭教育在中西方由于文化背景差异有着完全不同的理解。教师可以根据影片中父母对孩子的教育方式这一片段引发学生对主题的兴趣，并通过提问、分析等形式引导学生对中西方家庭教育理念的差异进行深入思考。学生通过对这种文化差异的讨论和交流开始主题讨论，并在教师的指导下结合文本内容提取本课中心思想，理解文化差异的不同阶段。教师通过与学生们有效互动确定了主题，接着教师介绍和解释该主题的相关知识，确保学习过程真正是以学生为导向开展的。

（二）课外实践调查

BOPPPS 教学模型的最后两个阶段是后测和总结，这两阶段的目的是验证学生是否达到了他们的学习目标，并相应地将其设计为跨文化交际外语课程中的调查研究和实践活动。

学生在完成前几个阶段的教学任务后，总结并梳理所学知识点，然后，教师将为学生分配调查研究或实践任务。实践活动主要是让学生通过选择小组主题活动，进行跨文化交际的社会实践，比如了解外国人对中国饮食和人际关系的看法，以及两国文化差异的感受，等等。

作为一项有针对性、有计划的系统活动，调查研究可以让学生自主选择课题、开展设计研究以及制定相应的研究方案，通过课堂上所学的知识对调查所得数据进行分析和整理，并获得最终研究结果。在研究文化差异的各类现象时，学生可以尝试采用问卷调查等形式明确调查的方向和研究要素，并通过比较，了解自己的调查结果与他人调查结果之间的差异。

　　例如，学生们对中美的家庭结构和婚姻礼仪进行了实证研究，以探索两国文化关于家庭与婚姻方面的差异，或者探索社会中存在的文化现象，比如研究国外某饮料品牌在中国的定位，关注该品牌在国内外广告内容的差异。在调查研究过程中，学生可以充分利用课堂上所学的理论知识，解释现象异同所存在的原因或解决某个实际问题。通过撰写调查报告、分析问题，加深对文化差异认识。教师通过评阅调查报告，了解学生对于所学内容理解和掌握的情况。

　　在全球化进程中，我们共同面临着一个多元化文化发展的新时代。科技的进步，网络的飞速发展大幅缩短了人与人之间的距离，因此，跨文化交际作为当前的社会发展常态，要求人们必须掌握一定的交际能力。前文所述的 BOPPPS 教学模式顺应了时代的需要，作为一种行之有效的教学模式，不仅能够充分发挥学生在课堂上的主体作用，也同时兼顾了教师在把控课堂教学顺利进行的核心地位，有利于培养学生的自主学习能力。

　　在跨文化交际外语课程的教学中引入该教学模式，不仅可以创新传统的教学模式，也可以通过各种课堂活动，使外语教学中文化教学的教学设计更具创新性、理论性、开放性和实践性，调动学生的学习内驱力，提高学生的学习成效，培养学生的跨文化交际能力。

第三节　跨文化交际背景下研讨会教学模式的构建

一、研讨会教学模式

　　由于该教学模式理念，强调将传统的以教师为中心转变为以学生为中心的新型教学模式，充分发挥教师的引路人作用。研讨会教学模式中，参与式学习是其中的重要组成部分。

　　通过研讨会可以显著增强师生之间以及学生与学生之间的互动，使学生能够充分实现参与式学习。教师可以通过分组或小团队的形式，按照小组来完成研究任务。专题研究和案例分析等活动均可以在研讨会上进行。

关于专题研究，主要指学生通过开放式小组讨论，参与成员独立搜索和收集相关数据，充分利用所学知识解决问题。根据教师在专题讲座中提供的主题，学生查阅相关文献，撰写相关文章，以便在课堂上展示。

作为一种互动学习方式，学生就研究主题查找并收集相关资料，然后通过小组讨论研究，汇总研究成果并撰写报告。各小组在展示研究成果时与其他组学生就内容的争议点进行提问与探讨，教师从旁指导，帮助学生理清思路，并就汇报展示时的问题给予指正，为主题的进一步讨论与深入互动提供了支持，学生在这一过程中也获得了学习能力的全面提升。

除了介绍专题研究外，研讨会还可以对外语教学中的跨文化交际案例进行个案研究。外语教学中跨文化交际课程作为培养跨文化交际能力的一门课程，应将文化知识应用于跨文化交际实践。案例分析可以使学生培养独立思考的能力和从实际问题分析并且应用已有知识的能力。

二、研讨会教学模式优势

（一）促进学生学习的主动性

研讨会教学模式下，学生能够在交际性情境里主动参与到教学过程之中，并在研讨会教学模式中充分发挥自己的主观能动性，解决研究小组中专题研究的问题，及时反馈，促进问题的最终解决。

（二）重视学生的交际能力

外语教学的最终目标是实现外语的交流功能和应用功能。传统的教学模式往往强调书本理论知识的输入，忽视理论与实际相结合。交际型教学则是从现实着手，教授学生在真实的交际环境下，师生讨论，主动汲取知识，切实提高语言运用能力。

研讨会教学模式从实际生活出发，强调将理论联系实际，并在教学过程中转化为实际运用，培养学生解决实际问题的能力，提高学生的交际能力，提升外语教学的应用价值。

（三）强调教学信息的多向互动

研讨会教学模式改变了传统教学模式下，由教师把教学信息单向传输给学生的传统教学模式。传统教学模式转变为研讨会教学模式后，从单向的传输转变为语用情境中的多向互动、多向研讨。学生在学习过程中重视了教学内容与实际生活的密切相连，主动、生动、真实地应用外语，在整个教学过程中不但学会了知识，而且实现了自我价值。应用研讨会教学模式不仅提高了外语教学质量，提升了学生的学习效果，还在学习过程中帮助学生实现了自我价值。

一般而言，研讨会上选定的跨文化交际案例应与跨文化交际中遇到的实际问题相结合，就像中西饮食习惯的差异、家庭伦理问题、社会关系问题等与社会生活紧密相连。研讨会中的案例分析可以使学生在讨论和分析问题时，实现理论联系实际，开阔思路，积极思考，加强师生之间的交流与互动，培养学生的语言技能和自我探究能力。

第四节　跨文化交际背景下建构主义教学模式的构建

一、建构主义以及建构主义教学

上文提及，建构主义属于认知心理学的一个分支，作为一种对学习方式的比喻，指的是将学习看作知识构建的过程，这个理论最早由瑞士的心理学家皮亚杰在 20 世纪 60 年代提出，后又结合维果茨基的社会心理学理论、奥斯贝尔（Ausubel）的意义学习理论、布鲁纳（Bruner）的发现学习理论，建构主义逐步发展成了较为完善的体系，是对人类学习过程认知规律的总结和概括。针对建构主义理论进行了较为系统的研究，总结出建构主义学习设计的 6 大基本要素，即创设情境、指出问题、搭建桥梁、组织协作、展示成果和反思过程。

传统的教学是以教师为中心的教学模式，而建构主义教学模式则转变为以学生为中心，强调在教学全过程，发挥学生的学习主体地位，培养学生的自主学习能力与协作能力。与以往教师一味灌输，学生被动接受不同的是，建构主义教学模式下，学生得以主动、自觉地获取知识、建构知识，教师作为知识传授者的同时，还肩负起教学活动的组织、引导，是学生教育活动的促进者。学生不再是课堂中被动接受知识的成员，而是积极参与知识建构，强调了学生在这一过程中的主体性和自主性。因此，建构主义教学模式相较传统教学更注重激发学生的内驱力，侧重于充分发挥学生的自主性、主动性和创造性，强调学生在学习过程中的内在动机与动态变化，而非仅仅注重最终所呈现的学习结果。

建构主义还强调语境在构建意义中的重要作用，特定的情境能够为学生的学习提供模拟仿真的语境，帮助学生沉浸式地进行真实体验，提高课堂参与度。此外，建构主义也强调学生间的协作互动，通过共同学习建构知识。由此可以看出，建构主义在教学中体现出了一定的真实性与合作性。

二、跨文化交际建构主义教学模式

与学习母语相比，学习外语的学生有着一定的困境需要突破。首先，部分外语学习者基础相对薄弱，尤其是听与说的能力不强，外语语言知识水平参差不齐，在课堂活动中往往较为被动、沉默，不利于新知识的获取，也影响课堂教学效果。其次，课堂上时间较为短暂，教师教授外语的时间较少，而语言学习需要语言环境的熏陶，但课后难以提供足够的语言环境配合学生学习。最后，学生学习外语动机不强，学习兴趣相对较低，外语自主学习意识尚未建立。

　　鉴于学习外语学生面临的现实困境，在跨文化交际教学中，教师应该针对这些问题，为学生创造一个轻松愉快的课堂环境，采用多种技术手段或创设趣味性较强的情境，帮助学生理解教学内容，并提高他们的学习兴趣。与此同时，利用恰当的教学模式培养学生的自主学习能力，促进学生的发展，以达到较好的教学效果。

　　以建构主义理论为基础，教师在课堂教学中应灵活运用跨文化交际教学的四种教学模式，如下图所示（图6-2），来体现教学的目的性、真实性、建构性和合作性。该模式有助于激发学生的学习兴趣，有助于培养学生的跨文化交际敏感度和跨文化交际技能，符合建构主义模式的学习规律。

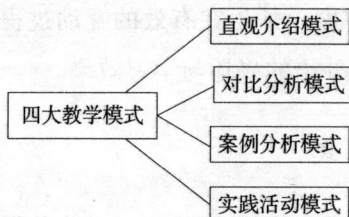

图6-2　四大教学模式

（一）直观介绍模式

　　在跨文化交际课堂中，教师可以使用现代化的教学工具来支持教学，主动采用多媒体如视频、照片，以实现直观教学。教师采用直观教学可以引导学生加深对教材内容的理解，提高学生的真实体验和认知。

　　例如，在语言交际部分的教学中，教师首先可向学生发起疑问，要求学生思考："不同国家的肢体语言表示相同的含义吗？"教师提出这个问题，是遵循建构主义所提倡的一种通过提问，激发学生思维不断发展的教学方法。带着提问，教师可为学生播放与主题相关的某一西方影视剧，在视频片段中，主人公从细微的证据中提取了某些信息，例如受审囚犯的面部表情和肢体语言，并最终成功地了解了事实的真相。此时，学生们的视觉与听觉感官被调动，学生们对非言语交际会产生浓厚的兴趣，他们的学习热情得到了充分调动，可以充分融入课堂之中。然后，教师适时使用 PPT 向学生展示在视频材料中出现的手势图片，并添加解释语，生动地展示在不同文化中肢体语言的差异。教师可以一边展示一边比出手势动作，引导学生学习和模仿。比如，用食指和中指做出某一手势语，手掌朝前则表示"胜利"，手掌向后则是一种不礼貌的手势。借助图片，通过教师的展示，学生可以更直观地理解在不同文化中肢体语言蕴含的意义各有不同，同时学生在模仿的过程中，也会加深记忆。

根据以上案例可知，教师利用多媒体的便利性，巧妙地将教育内容整合到可视化教学中，充分调动学生参与互动学习的积极性，可以提升学生对学习内容的理解度，师生在有效的互动过程中运用知识，构建意义，可以提高学生学习外语的兴趣与学习效果。

（二）对比分析模式

在跨文化交际教学中，教师可以运用对比分析的方法为学生展示中外文化之间存在的差异，以此树立文化差异的基本概念，培养学生的跨文化意识。

在教授语言点时，教师也可以采用对比分析的方式帮助学生理解汉语和英语在语言表达上的差异与背后的文化内涵之间的联系，如英语注重形合、汉语则注重意合。使用此种方式进行词汇教学时，能够帮助学生在学习新单词的过程中加深对事物的理解，结合已有知识，对新的生词有新的理解。在跨文化交际教学中，教师可以运用比较分析的方法解释具有丰富文化联想的色彩词汇。例如，生活中常见的颜色词在各种语言中的基本意义相同，但在不同文化中颜色词所代表含义则大相径庭。如："白色"在中国古代往往是与祭祀、祭奠相关，人们在祭祀时身穿白色；西方国家则将白色视为纯洁的代表，结婚时的白色婚纱象征着新娘的美好与纯洁，代表着对美好生活的向往。"红色"在汉语中通常蕴含美好的寓意，例如常用词"红火""红包"等，但是红色在很多英语国家则带有很强的负面含义，经常代表着"危险"或者"亏损"的意思，如"be in the red"（出现赤字）。

通过对中外词汇及语言表达上的文化差异的比较和分析，学生可以认识到，具有文化内涵的词语在不同的文化语境中传递着不同的信息，能够帮助学生在联系新旧知识及理解语言使用方式的基础上，积极构建新信息的意义，处理和转换知识，将新的知识纳入自己的知识范畴，并在跨文化交际中提高文化敏感度。

（三）案例分析模式

建构主义强调"情境"在意义建构中的重要作用，"情境"是与学生学习生活息息相关的社会文化场景。在实际情况下，学生可以通过使用他们已经获得的学习资源，积极有效地构建新的知识体系。教师可以在跨文化交际教学中使用真实案例，帮助学生建立相关知识的认知。

用一个在不同文化中教授年龄概念的案例探索外语教学中的分析模式。在一次关于中国菜之旅的英国纪录片中，一位在英国长大的美籍华裔家庭主妇向一位年长的中国厨师提问道："老师，您多大了？"这个问题引起中国厨师的轻笑。这时，教师可以引导学生思考这样一个问题：这个中国厨师为什么发笑呢？你认为这个表述方式正确吗？如果不正确，那应该怎样提问更加合理呢？学生在相互讨论后很快获得答案：事实上，这个美籍华裔家庭主妇表述的语义是正确的，但是这个提问的方式并不符合汉语的表达习惯。教师可在此处适时表明，众所周知，中国人崇尚尊老爱幼，在询问年长者年龄时，应提问"您老高寿？"类似说法以示尊重，会更符合中国人的语言习惯。然后，教师延伸到比较中西方不同的年龄观相关案例。在谈到时间观差异时同样也可以采用案例分析模式进行教学。比如，在家中宴请宾客，主人的邀请时间是晚上6点，北美地区的人通常会选择准时准点到达，而中国人普遍选择提前到达，针对这个案例，教师同样可以向学生发问："为什么中西方时间观念有所差异？"然后，向学生介绍不同文化时间观的比较，主要是因为北美地区遵循"单时制"的时间观，而中国则遵循"多时制"的时间观。遵循"单时制"文化的国家，严格遵守约定时间，注意时间的准确性，如北美、西欧等地区。而大多数亚洲和阿拉伯国家遵循"多时制"，以较为随意和因人而异的方式对待时间，更注重人的感受和体验。因此，借由分析真实的案例可以帮助学生根据自己的经验，生动形象地理解所学的内容，将新旧知识有机地结合起来，从而建立新的知识架构，获取新信息的意义。

（四）实践活动模式

建构主义强调学习者不再是知识的被动接受者，不再是教师灌输的对象，而是在学习过程中发挥主观能动性，积极参与、主动探索，是学习的主体，在信息处理与知识建构的过程中扮演主体角色。

建构主义还强调学习过程中，各成员的协作与互动，注重在合作学习的过程中完善和深化知识的建构。因此，教师应在跨文化交际的课程活动中，通过实践帮助学生形成知识的内化，激发学生的主动性和积极性。教师可将班内学生分组教学，每个小组分配不同的讨论主题，如中西校园文化、中西婚礼礼仪、中西着装规范等，每个小组必须向全班展示收集的数据资料和小组讨论结果，且每个成员都必须参与其中。

各小组必须提前编写演讲提纲，小组成员相互协作完成展示任务。学生在完成上述学习任务的过程中，能够对中西方文化以及文化差异形成深入的了解，并在过程中通过主动获取信息、构建知识，从传统教学模式下的被动接受者转变为主动参与者。这一方式可以激发学生的学习热情，发挥他们的学习创造力。此外，教师还可为学生分配角色扮演任务，例如，可以模拟现实生活中参观拜访的场景，要求学生使用跨文化交际的日常语言，如预约、送礼、宴请、问候、道别，激发学生的学习兴趣，加强文化知识的实际应用，提高学生的跨文化敏感度、跨文化意识和跨文化交际能力。除此之外，教师可以组织其他课堂实践活动，如团队合作、团队竞赛和模拟研讨会。

在经过建构主义教学模式下的一系列实践活动后，课堂氛围可以从原本枯燥乏味的宣讲转变为生动且具有趣味性的师生互动以及生生互动，为学生将理论运用于实践提供契机。这种模式下的课堂活动不仅有助于提高学生学习外语，了解中西方文化差异的兴趣，也能充分发挥学生在学习过程中的创造性与主动性，明确学生在知识建构过程中的主体性地位，更能体现教师作为教学的核心，在教学活动中引导与组织活动有效展开的重要性。

建构主义教学模式以学生为主体，注重学生在学习过程中的核心作用，强调学习的动态变化，符合学生学习的认知规律，鼓励学生积极参与课堂活动，自主研究，主动探索、发现并利用一切手段和资源来构建自己的知识体系。

第七章　跨文化交际背景下外语教学的实践应用

第一节　跨文化交际背景下外语词汇教学

跨文化交际主要应用于母语和外语之间的交际，也就是指不同文化背景的人与人之间的交际。语言是文化的主要载体，是传播文化的主要方式与传播工具。语言往往会受文化的影响，文化也会反过来影响语言。由于受到不同的文化和历史背景影响，不同的语言使用者对一个词有可能产生不同的理解。

在外语教学的词汇教学中，教师发现许多学生学习目标语言的障碍不是由于语言知识本身的困难，而是学生对目的语国家的文化渊源和文化差异性缺乏相应的了解。因此，外语教学过程中，教师不仅要传授词语的表层含义，同时也要深刻运用词汇背后的文化内涵，深耕教研，改善词汇教学流程，更好地培养学生的跨文化意识。

一、外语词汇教学意义

长期以来，外学教学中的词汇教学部分仅仅是涉及单词发音、单词拼写、单词形态变化和单词词义的表层，教师往往较多地纠正学生单词发音、强调词缀意义或介绍构词规则，却忽略了单词包含的社会和文化知识。

当前，大多数外语教师在教授词汇时都选择脱离语境，很少提及词汇中隐含的文化内涵，外语词汇教学变得枯燥、无趣，导致很多学生逐渐失去了学习外语的兴趣。究其原因，是因为他们在实际学习过程中记不住单词，听不懂教师上课的教学内容，这使得学生很难树立学习外语的信心，久而久之，学生产生畏难心理不愿意过多地投入时间与精力，这也将在一定程度上影响学生外语学习的效果。因此，在外语语言教学中，如何提高词汇的教学水平，是每一位教师都应该认真考虑的问题。

外语词汇教学主要包含两层含义：一是词汇自身的内涵，指的是单词的概念以及单词自身的内容；另一层是词汇的扩展内容，它指的是以所学词汇为中心，单词背后的文化内涵、单词的近义词、反义词等内容。因此，在外语教学的词汇教学中，教师不仅要教会学生词汇自身的内涵，还要引导学生理解词汇的扩展内容。

学习外语的开端，就是需要学习一定数量的外语单词，学生词汇量的大小和正确使用所学词汇的程度，是衡量其语言水平的重要标志。学生掌握词汇的数量和词汇应用能力可以直接影响到学生语言交际能力的发展程度。与语音、阅读和语法相比，词汇在背诵、意义和使用方面是最难掌握的。

在外语教学过程中，学生最常见的抱怨是单词难读、难记、难写，往往花费大量时间背诵但收效甚微。因此，加强外语词汇教学的研究，探索外语词汇教学的新方法具有重要意义。

二、外语词汇教学的内容

外语教学中词汇的教学，内容包含词汇意义、词汇信息、词汇用法和操作策略四个方面，如图所示（图7-1）。

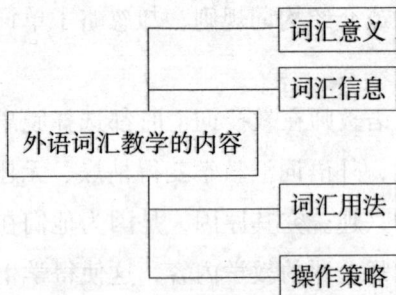

图 7-1　外语词汇教学的内容

（一）词汇意义

要理解一个单词的意义，一方面要理解其本义和引申义，另一方面要理解该词语与其他单词之间的意义关系，如同义、反义、上下义关系等。

1.本义与引申义

（1）本义。一个词的本义也称为"词典意义""所指意义"和"中心意义"，指的是一个词形成时赋予它的意义或它代指的事物。词汇的本义作为与他人语言交流的基础，一般情况下会保持不变。因此，词汇的本义往往是最容易掌握的。

由于中西方文化存在差异，汉语中字词所表达的含义与英语中单词的含义并不完全一致，往往存在着差异与不对等。例如，在英语中，父母双方的姐妹被称为 aunt，而在汉语中，则有父亲方和母亲方的区别，甚至有着亲疏远近的差异，如"舅妈""姑妈"等。

（2）引申义。词汇的引申义，通常是指一个词的隐含意义。例如，cry 作为一个动词，具有"哭"的本义，但在不同的语言环境中会出现转义的情况，cry 在一定场景下还有"喊叫"之意。

简而言之，要确定一个单词的含义，需要结合上下文语境，而不是想当然地做出判断。此外，有必要根据文化背景确定词汇的内涵。

2.同义、反义、上下义

（1）同义。英语词汇中有的词语之间存在的同义关系，是指两个及两个以上的词语在词义之间存在着相同或类似的关系，或者同义词的语音和拼写不同，但意义表达相同或相近。例如，answer 与 reply 两词虽然语音和拼写不同，但是这两个词都有回答之意，因此 answer 与 reply 两词为同义词。

（2）反义。英语词汇中有的词语之间，存在相反或者对立的语义关系即反义关系，其最常见的形式是反义词。例如，up（上）与 down（下），两词意思相对，互为反义词。

（3）上下义。英语词汇中有的词语之间的意义、特征、类型等均下属于另一个更大范畴的词，如 rose，lily，carnation 均包含于 flower 中。那么，rose，lily，carnation 就属于 flower 的下义词，同理 flower 也是这些词的上义词。

（二）词汇信息

单词的发音和拼写作为单词的基础与根本，也是单词学习的第一要素。单词是基于口语交流的一种文字表现，所以词汇教学的第一步也应该从发音开始。词汇发音教学不仅属于语音教学的范畴，也属于词汇教学的范畴。如果学生不能准确地理解单词的发音，将会错误地朗读。因此，教师对词汇的解释应该从发音开始。

此外，除了发音外，教师还应注意声音与词汇形式的结合，引导学生将声音与词汇形式联系起来进行记忆，从而形成"见形知声，因声记形"的能力。

（三）词汇用法

单词的使用是根据不同词语类型，在不同场景下使用。搭配是语言训练的重要组成部分，在特定的上下文语境中，一个单词和一个或者一些特定的单词组合在一起，构成固定搭配。例如，suggest，permit，allow等动词后面只能跟名词，不能跟不定式。有些短语则类属固定搭配，不能混用，例如，take off 有起飞之意，这是"take"与"off"的固定搭配用法，不能轻易更换。

教师开展教学时，一方面要关注语境对词语的影响；另一方面教师必须考虑词语之间的固定搭配用法，教师应将词语搭配纳入教学范畴，并且向学生申明其重要性。

（四）操作策略

根据词汇学习的特征，可将其分为以下五种策略。

一是调控策略，即在教学活动中，教师对整个词汇学习进行计划、实施、反思、评价和调整，以及对于教学资源的使用与对学习行为的监控等。

二是资源策略，即教师调动一切资源，引导学生通过接触更多新词，帮助学生在生活中与教学活动中，增加词汇量的技巧和方法，教师常常用到的教学资源包括网络、词典、广告等。

三是认知策略，即教师引导学生为实现教学目标，完成具体学习任务，所采取的教学手段。常见的认知策略包括引导学生划重点、利用上下文猜测词义、记笔记等。

四是记忆策略，即教师帮助学生提升记忆效果的策略，教师教授词根、词缀的重要目的之一，就是帮助学生更快速地记忆单词，如根据构词法、上下文和分类方式等记忆词汇。

五是活动策略，即教师采用活动策略，通过课堂上组织活动来引导学生应用词汇，如课上让学生分组复述、组织词汇游戏等。

三、词汇的文化差异

词汇是组成语句的基本单位，词汇背后也都反映出使用这一特定语言的民族所特定的文化背景。因此，教师在外语教学中必须始终不忘强调词汇文化的文化内涵。

（一）词汇形态特征对比

根据词性和词与词之间的关系，语言可以分为孤立语、黏着语、屈折语和多式综合语四类。孤立语的词一般不通过任何缀词或者词尾变化来表示词性、语法功能或者词间关系。黏着语和屈折语的词形变化更为复杂，而且变化形式有时会随着语法规则的变化而发生改变。而多式综合语常常具有复杂的词形变化和大量的合成词。实际的语言可能会同时具有不同类型的特征，而且这些分类只是一种简化和概括，不能完全涵盖所有语言的特点。

在汉语中，词的基本形态通常保持不变，因此，被看作是一种接近孤立语的语言。而英语，虽然相较汉语具有更多的词形变化和词缀使用，但属于屈折语范畴。

汉语中大多数词都可以看作由两个或多个单独的词组合而成的复合词，例如"电脑"由"电"和"脑"两个单独的词组合而成。这些单独的词可以是名词、动词、形容词、副词等，通过将这些词组合在一起，可以形成新的具有独立意义的复合词。相较于汉语，英语的派生词较多，通过在一个词的基础上添加前缀、后缀或进行词干变化等方式构成新的词。

（二）构词特点对比

本书第三章第二节关于中英构词法对比已做出相关论述，在此处不再赘述。英语的主要构词法包括后缀、前缀、合成、转化四种，汉语主要包含合成、借词、造词、转义四种。这些构词法在英语和汉语中都起着重要的作用，帮助丰富词汇，并适应不断变化的语言需求。虽然英语和汉语在构词特点上存在差异，但每种语言都有其独特的构词法和规则，用于创造新词和扩展词汇，这些构词特点也反映了语言的文化背景和发展历程。

（三）词汇语义的对比

汉语和英语单词的意思也有很大的不同。从词义延伸、文化传统、习惯用语、表达方式等都可以看出两种语言在文化、历史和思维方式上的差异。本部分从亲属场、称呼场和颜色场这几个方面简略地来解读一下英汉语词汇在意义方面的不同之处。

1. 亲属场

英语中关于丈夫和妻子的最常用称呼为 "husband" 和 "wife"，用于表示婚姻关系中的夫妻。在汉语中，根据场合区别，通常使用 "老公" 以及 "老婆" 作为日常口语称呼用语，"丈夫""先生""太太""妻子" 等则用于正式场合。在中国，对祖辈人的称谓既有祖父和外祖父之分，又有祖母和外祖母之分，而英语中却无此类的区分。grandfather,grandmother 都可使用。汉语表达中与父亲同辈的有 "伯伯、舅舅"，英语中一概用 uncle 称呼，母亲同辈有 "伯母、舅母" 而英语中则没有明确区分，一概使用 aunt。

2. 称呼场

汉语和英语的称呼文化之间也有许多差异。中国注重礼仪，是一个礼仪之邦，人们强调尊重他人。然而，英国人和美国人的长幼尊卑的观念很弱，他们对待长辈或职场中的领导往往是直呼其名，毫不避讳。有时也会直呼亲戚的名字。

3. 颜色场

颜色是一个非常有意义的范畴，许多人一提到中外文化差异，就会率先想到颜色含义的差别。颜色背后蕴含的含义往往非常丰富，不仅在中国，即便在世界上，颜色都是人们表达某种寓意的好方式。关于颜色背后寓意不同，前文已经进行相关论述，此处不再赘述。关于这些颜色背后含义的差异，可以表现出中西方之间巨大的文化差异。

四、跨文化背景下外语词汇教学

多元文化下的外语词汇教学，需将文化内涵的讲解融入教学中，主要方法如下。如图所示（图7-2）。

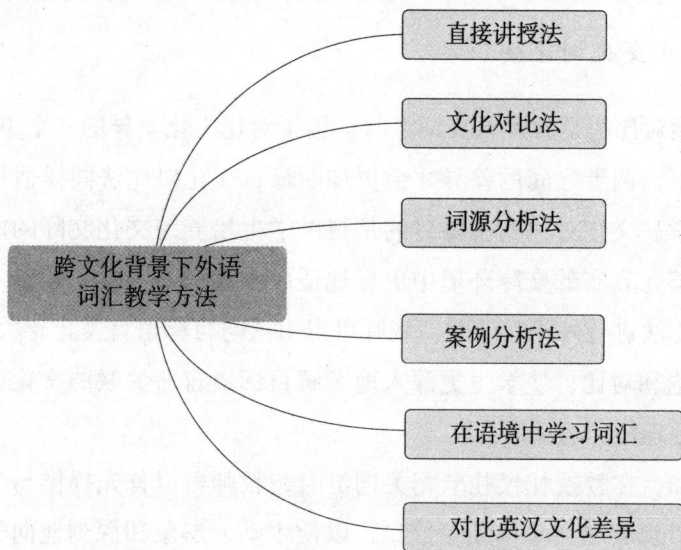

图7-2 跨文化背景下外语词汇教学方法

（一）直接讲授法

直接讲授教学法是指教师可以结合教材内容，当教材内容涉及一些与文化有关的词汇时，教师有意识地就该词语介绍与课文内容相关的文化背景知识和一些文化内涵。例如，教师在讲授 Greek 一词时，教师除了可以介绍希腊的地理位置、风土人情之外，还可以简单讲述一些古希腊神话故事，为教学增添趣味性和吸引力。教师并在此基础上介绍一些古希腊神话故事中的词汇，如特洛伊木马、阿喀琉斯之踵、不和的金苹果等神话故事，使学生更直观、深刻地记住和理解词汇背后的文化内涵。

教师也可以使用视觉教具进行教学，例如教师授课过程中，讲到与水果有关的单词时，可以准备相应的水果实物，为学生建立单词与实际物品之间的联系；也可以采取播放相关视频，让学生在视频中明确单词的搭配及用处，使学生能够直接接触和理解这些词语的背景文化，从而真正理解词语的语境，清晰深刻地记住和理解词语的文化内涵。

（二）文化对比法

文化对比法是教师教授词汇时，用于对比文化差异的一个重要方法。对比之下，两者之间的差异才会更加明显，文化对比法同样适用于外语词汇教学。文化对比的主要目的是帮助学生培养跨文化交际的能力，使他们能够在真实的交际环境中更好地适应和理解不同文化背景。在使用文化对比法进行外语教学时，教师可以引入与目标语言文化相关的话题，通过讨论和对比，使学生更深入地了解目标语言所关联的文化内涵，从而更好地理解和运用语言。

例如，在教授礼仪礼节相关词汇时，教师可以首先提供与主题有关的图片、视频和文学作品等信息，以便生动、形象和深刻地向学生展示英汉语言系统中礼仪背后的文化差异。通过这种英汉差异比较，学生们可以了解到，自己语言文化与目的语文化的异同之处，可以增加学生们对语音使用的敏感性和灵活性。

教师在教授一些具有文化差异的词汇时，一旦采用异同比较的方法，往往可以事半功倍。因此，在文化差异下的词汇教学中，教师应灵活运用文化对比法这一方法。

（三）词源分析法

词源分析尤其适用于单词本身，许多英语和汉语词汇都是源于典故，仅从字面往往很难理解它们背后的文化内涵。

为了学生可以更好地掌握单词，教师应该帮助学生分析单词的来源，以帮助学生理解单词来源和记忆单词。这种方法认为词源与单词的含义和形态有着密切关联，通过揭示词源的意义和变化，学习者可以更深入地理解和运用目标语言的词汇。例如 knight（骑士）和 castle（城堡）与中世纪的骑士文化和堡垒有关，restaurant（餐厅）和 parfait（甜品）是从法语中借入的词汇。通过了解这些词的相关历史和文化背景可以帮助学生更好地理解词语的含义和用法。此外，在使用词源分析法教学时，面向具有典故起源的词语时，教师应首先向学生详尽介绍典故，帮助学生理解词语的文化内涵。

例如：They have, by this very act, opened a Pandora's box.（他们就这样打开了潘多拉魔盒。）这句话中涉及的 Pandora's box（潘多拉魔盒），教师如果忽视讲授 Pandora's box 背后隐藏的典故，学生很难真正理解这个词语背后的文化意义，更难以进一步理解该句子背后的完整含义。

本例中的典故潘多拉魔盒来自希腊神话。传说普罗米修斯偷走了天火，天火降临人间后，众神之王宙斯非常愤怒，计划报复人类。宙斯把火神赫菲斯托斯用黏土做成的女人潘多拉送给普罗米修斯的哥哥厄庇墨透斯，并将一个盒子作为结婚礼物送给潘多拉，厄庇墨透斯与潘多拉结婚后，打开了宙斯赠予的盒子。结果，当盒子打开的一瞬间，"邪恶""疯狂""疾病""嫉妒"等灾祸从盒子里腾空而起，飞向人世间，只剩下盒子底部的"希望"，从那以后，世界上出现各种灾难。这一切源于这个魔盒，因此，"潘多拉魔盒"就成了"灾难的根源"的同义词。

也正是在了解这个"潘多拉魔盒"典故的来源之后，学生就能很容易地理解例句。相反，如果不知晓这个典故，这个句子就变得晦涩难懂了。因此，在词汇教学中，教师在教材中遇到具有典故来源的词汇，有必要引导学生分析典故，以帮助学生掌握词汇的文化内涵。

（四）案例分析法

案例分析法是指教师在教学过程中向学生呈现了一个由于缺乏对课堂词汇文化内涵的理解而产生冲突的交际过程，并要求学生在仔细阅读案例后分析出现冲突的原因及后果。教师应该在倾听学生分析的基础上，从语言和文化的角度，进一步深入挖掘导致本案例交际冲突的词汇内涵，案例相关跨文化交际原则等，使学生能够逐步理解交际过程的语境，提高学生的跨文化交际意识。教师也可以要求学生在课后查阅相关材料，以便更好地理解案例中引起交际冲突的词语的文化内涵，并要求学生写一篇简短的报告，分析由一种文化词汇引起的交际冲突案例。这种方法不仅能够巩固课堂教学内容，而且能够鼓励学生通过自主学习提高跨文化交际能力。

（五）在语境中学习词汇

教师在教授短语、词组时可以结合上下文，引导学生学习词汇的合理含义。在不同的语境中，同一个词有不同的含义。例如，green 除了"绿色"的基本含义外，还有许多含义，green thumb 指擅长植物栽培，在园艺方面有天赋的人。而 black 一词，除了其本身的含义外，black sheep 意指"害群之马"。此外，short 一词除包含"低的""短的"等基本含义外，在搭配使用中还包含其他含义。如 short list 并非意指短名单，而是有决选名单这一引申含义。short temper 中"short"也不能直接按原义进行理解，其真正含义指的是"暴脾气"。此外，教师也可以使用句子、段落和文本上下文来学习词汇的特定意义，即通过语句间的联系来帮助学生了解单词含义。

这种教学方法可以培养学生分析语言现象的能力，提高学生的自主阅读能力，是一种更快捷、有效的教学方法。例如，如果"but"一词出现在课文中，学生可以判断"but"之后的课文内容才是表达的关键。

（六）对比英汉文化差异

除了词汇本身的释义和内涵意义外，词汇还具有社会和文化意义。在词汇教学中，教师应适时地正确地引入文化知识。虽然对应的词存在于不同的文化环境中，但由于不同的历史文化和思维方式，这个词所表达的情感意义，往往并不兼容，甚至不被其他文化接受。

例如，"龙"在中国人心目中的地位很高，深受人们的喜爱，中文表达中有许多关于龙的成语或者有着美好寓意的俗语被人们广泛使用，如"龙凤呈祥""望子成龙"等；然而，在西方文化中，"龙"是邪恶的象征，并且西方对龙的外观描述也与中国的"龙"完全不同。

由上述例子可以看出，语言与文化密不可分，文化差异可能会导致沟通障碍。在教学活动中，教师应将外语教学与文化教学相结合，使学生对词汇的理解不局限于表面意义，而是要深入了解词典的文化内涵。在课堂教学中，教师应积极采取不同的教学策略，加强词汇文化内涵的比较，减少理解单词含义的障碍，使外语教学成为真正有趣和有效的过程，以确保教学目标的实现。

在跨文化交际中，如果不理解词汇的文化内涵，不正确地使用词汇，很可能在交际过程中出现误会，导致跨文化交际失败。因此，在词汇教学中引入文化教学是十分必要的。

第二节　跨文化交际背景下外语语法教学

一、外语语法教学的意义

外语语法教学的意义包含以下几种，如下图所示（图7-3）。

```
                        ┌─────────────────────┐
                        │   语法是生成句子的基础   │
                        └─────────────────────┘
                        ┌─────────────────────┐
                        │   语法知识具有纠错功能   │
                        └─────────────────────┘
┌──────────┐            ┌─────────────────────┐
│外语语法教学的│────────────│语法可以解决语言学习中   │
│   意义    │            │   的"僵化"现象        │
└──────────┘            └─────────────────────┘
                        ┌─────────────────────┐
                        │   语法教育促进学生      │
                        │   的长期语言学习        │
                        └─────────────────────┘
                        ┌─────────────────────┐
                        │   语法学习有助于学生     │
                        │   实现语言范畴化        │
                        └─────────────────────┘
```

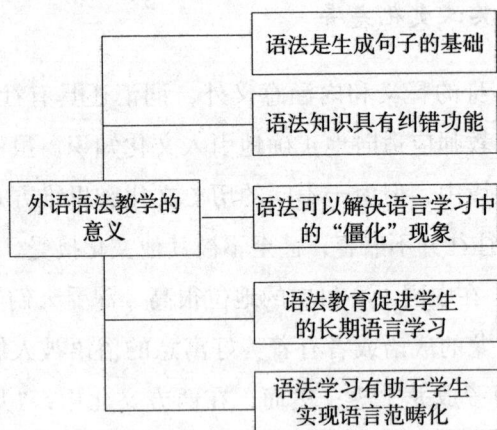

图 7-3　外语语法教学的意义

（一）语法是生成句子的基础

无论学习任何一门语言，学习者必须不断记住各种语言要素，如词汇、短语、句子等，这些语言要素学习都是"项目学习"。然而，一个人能够记住的单个语言要素的数量非常有限，语言模式或语言规则也是语言学习者必须攻破的难关。语法就是语言应用中的语言模式和语言规则，学生学会这些语言模式和语言规则后，便可以使用语言元素，形成新的句子。外语语法是一种机制，它为学生提供了使用已知的词汇和凭借自己的创造力来组成无数句子的机会。因而，语法教学为学生创造更多语言提供了可能。

（二）语法知识具有纠错功能

只有遵守一定的语法规则，词汇才能形成通俗易懂的句子。对于学生来说，可以在课堂上获得许多语言素材，其中包括单词、句子等，根据这些语言素材，学生还可以造出许多句子。然而，由于语言能力的限制，学生在表达句子时往往会产生错误。这时，若能利用语法知识进行纠正，便可使句子更加准确，表意更加清晰。

（三）语法可以解决语言学习中的"僵化"现象

如果学生有明确的学习动机和较强的学习能力，即使在没有开始正式教学的情况下仍然能够表现出更高的语言水平。但在语言表达过程中，难免会存在以下的一些问题。

（1）未经系统学习的学生有可能形成难以纠正的错误语言习惯，经常用口头表述的方式。

（2）未经系统学习的学生的语言水平达到一定阶段时，就再也无法提高，出现了"僵化"现象。

在这一阶段，教师可以在语言学习中实施语法教学来改变这种现象，一方面，语法教学可以有效地规范学生表述的准确性；另一方面，语法教学也可以打破部分学生面临"僵化"现象的僵局。

（四）语法教育促进学生的长期语言学习

在学习西班牙语的过程中，语言专家施密特（Schmidt）充分认识到西班牙语语法对学习西班牙语的重要性。为此，施密特在学习西班牙语过程中参加了一个正规的西班牙语语法班，教师在上课特别注意语法的教授。施密特在游历巴西期间，他的西班牙语语言技能水平迅速提高。他发现，在与当地人交流的过程中，老师在课堂上曾经解释的许多语法元素总是被提及。因此，他在与当地人不断交流的过程中，注意各种语法元素的应用，这使得语法知识被深刻地印在脑海中，并且得以灵活运用。最后，施密特得出结论，学习西班牙语的语法对掌握这门语言起到了很大的作用。同样，学习英语语法对于提高英语语言技能也有着非常重要的作用。

（五）语法学习有助于学生实现语言范畴化

所谓范畴化就是对客观事物进行认知时，人会自主把相似事物联系在一起，赋予其与认知特征相关的语言符号，形成范畴。一个词的意义就是一个范畴的名称，范畴的形成过程就是范畴化。语言范畴化可以帮助学习者在具有差异的事物中找到事物本质中的相似性，并在此基础上进行相应处理，同质化不同事物，从而进行分类，以此形成概念的过程和能力。当我们在生活中每说一段话，我们至少运用、涉及几十种的范畴，例如概念范畴、语音范畴、词汇范畴、时态范畴和从句范畴等。

语言范畴化可以是基于不同语言的语法结构、词汇选择和表达方式。范畴化就是人类对世间万物进行分类的认知活动。人们在认识事物时，首先就是对新事物发起提问："这是什么呢？"这个问题也就是要将这个新事物归于哪个范畴的问题，这种对事物进行分类的心理过程就是范畴化。正因为有范畴化这一心理活动，人类才有能力形成概念，进而语言符号才具有意义，范畴化作为基本的认知能力有重要作用。

每种语言都有自己特有的庞大系统。语法作为一个重要的语言系统，也包含许多子系统，它由数量庞大的明确规则组成，因此语法教学将不可避免范畴化过程，学生在进行语法学习的过程就是实现语法范畴化的过程。

二、语法的文化差异

英语语法的主要内容可分为词法和句法。

词法主要包括构词法和词类。构词法讨论词的转化、派生、合成，以及不同的词组等内容。词类分为静态词和动态词。静态词包括名词、形容词、数词、代词、副词、冠词、连词、介词、感叹词。需要指出的是，静态词并非绝对不变，例如，名词也有数、格、性的变化，形容词有比较级和最高级的变化。动态词包括动词及时态、语态、助动词、情态动词、不定式、动名词、分词、虚拟语气。

句法主要包括句子成分、句子分类和标点符号三大部分。句子成分主要包括主语、谓语、宾语、定语、状语、表语、同位语、独立成分等。

根据不同的标准可对句子有多种划分，按结构可将句子分为简单句、复合句和并列句；按目的可将句子分为陈述句、疑问句、祈使句、感叹句。另外，标点符号也是句法学习必不可少的内容之一。

本部分从词法和句法两个方面进行探索，对比英语与汉语语法规则及使用上的差异。

（一）词类及其应用方面的差异

英语和汉语在词类上存在一些相似之处。比如两种语言都有名词、动词、形容词、代词、介词等。两者之间也存在着一些差异。比如在一些情况下，英语副词可以通过在形容词后面添加"–ly"来构词，而汉语副词通常不具备这种形式的变化。

另外，词的应用方面也存在差异，具体表现在以下几个方面。

1. 动　词

英语和汉语在关于词语应用方面中，动词的使用有着极大的区别。汉语动词灵活多变，可以独立、连续或重复使用，而英语往往不重复使用动词。此外，英语动词根据时态、语态的限制，其词形也会发生相应的变化。

2. 名　词

所谓名词就是表示事物名称的词。英汉两种语言中都有名词，这一点是相同的，都可以用于表示人、事物、地方等。但是汉语名词没有单复数的区别，而英语名词通常有单数和复数的形式。

3. 冠　词

汉语和英语在冠词上存在显著的差异。汉语中没有与英语的冠词（a，an，the）完全对应的语法结构。在汉语中，通常不使用冠词来表示名词的泛指或特指，而是通过上下文、量词、代词或其他修饰词来表达特定的含义。因此，需要注意在进行语言转换的时候的差异和习惯用法。

4. 虚　词

虚词在语言中起到连接、修饰、标记句法关系、表达句义关系等功能，在句子中起辅助性、功能性的作用。但较之英语，汉语的虚词要多得多，如汉语有"的""吗""了""呀""而"等，英语则没有与之对应的虚词。而英语的 it 和 there 在汉语里也找不到对应的虚词。

（二）句法方面的差异与翻译差异

1. 在句子结构方面的差异与翻译差异

汉语和英语的句型和句式差异较大，但也有相同之处，例如都含有主谓结构。但汉语和英语的主谓结构也不是完全一致的，而是存在一定的差异，相对于英语而言，汉语的主谓结构要更加复杂。无主句，即没有主语的句子在英汉两种语言中都是一种较为常见的情况。相较而言，汉语中的无主句远多于英语中的无主句。

第一，在形式上，汉语主语类型多样，并且只要符合语法规范且不影响句子理解即可以出现，也可以不出现。

第二，在语义上，汉语主语既能表示施事者，又能表示受事者；既能表示时间，又能表示地点；既可以是名词，也可以是动词或者形容词。

通常情况下，英语的句子结构比较完整，在英汉句子互译时，可以把汉语的无主句加上主语译成英语，或者采用被动结构来翻译。例如：

下雨了。

加主语：It's raining.

餐厅不准吸烟。

被动结构：Smoking is not allowed in the restaurant.

2. 被动与主动的差异与翻译差异

被动语态是一种在英语中经常被运用的语态，一旦该动作没有明确的执行者，或者不想、无需指出动作的执行者，可以采用被动语态，突出动作的被执行者。

汉语大多时候采用主动的句式，往往强调的是动作的执行者，用于表述句意。因此，英汉互译时，常将英语的被动结构改为汉语的主动结构以便符合汉语的思维表达习惯。例如：

The project is being completed.

这个项目正在完成中。

3. 语序方面的差异与翻译差异

虽然英语和汉语都属于线性排列顺序，但是在实际应用时英汉的语序仍然有着较大的差异。

（1）在英语中，定语和状语等修饰语的位置是相对灵活的，虽然存在一些常见的语序规则，但可以根据需要进行变换和调整以便更清晰地表达意思。而汉语中涉及修饰语时，无论是词、词组或分句都必须放在被修饰成分之前。

因此，英汉语言互译时，句子的换序译法又可称为顺序调整法，这种方法主要是通过变动原句某一组成部分的位置来达到目的语译文逻辑清晰、表述合理、语句通顺的目的。在汉语思维中，人们经常强调表达的先后顺序，因此汉语表现为意合的语义型语言，句子的含义要通过句子组成部分排列的先后顺序体现出来。而英语文化中，人们通常用理性思维思考与描述问题，因此英语表现为形合的分析型语言，其句子的含义要通过逻辑关系体现出来。例如：

How they solve the problem is up to them.

他们如何解决问题由他们决定。

（2）英语句子中对信息的重要性与次要性分得很清楚，要求把主要的、重点的信息放在突出位置，把次要信息作为辅助性的表达或叙述手段。因此，倒装在英语中是一种常见的语序，其目的是在句子中调换主语和谓语动词的位置，或在某些特定情况下改变其他句子成分的位置，为句子增添强调、疑问等语气。而汉语里则几乎没有倒装的情况。翻译时，须对这些位置进行调整。例如：

Never have I seen such a beautiful flower.

我从来没见过这么美丽的花。

（3）受到不同语言文化影响，中国文化中习惯先陈述论证内容，然后层层递进，最后引出结论。在英语中，对于观点描述，习惯上使用开门见山的方式，即直接表达观点或意见，而不是引入过多背景或修辞。因此，英语通常首先将判断性或结论性的语句放在开篇位置。汉语则恰好相反，结论性的内容放在句子的末尾。例如：

In my opinion, the government should invest more in education.

在我看来，政府应该加大对教育的投资。

（4）同样受到文化差异的影响，在多个内容并列，有词义差别的时候，英语国家习惯将重要的内容放在后面的位置，汉语则习惯于将最重要的内容置于最前。因此，在一个句子中涉及几个并列词语时，几个词的词义有轻重强弱之分，英语的排列顺序一定是先轻后重，先弱后强，汉语则相反。例如：

You should and must finish your homework.

你必须且应该完成你的作业。

三、多元文化下外语语法教学

（一）增强语法意识

当学生对目标语言输入足够多的信息时，语言学习就会自然而然地发生，也就是说语言学习，应该是足够多的语言材料输入引发的。词汇、语法、语音、句子等都是语言材料，但是这些语言材料的简单叠加难以产生真正的学习效果。毫无疑问，学生是否可以完全理解输入材料中各成分之间的正确关系，是决定语言材料输入是否真正有效的关键，因此，语法结构是学生最终实现可理解输入、有意义输入的关键。

语法学习应该是教学的重要组成部分。显然语法学习不应该继续孤立地发挥作用，而应该与听、说等内容相结合。在教学中，教师首先应该明确，培养学生听和说的能力与教师主动向学生解释语法知识之间没有矛盾。语法教学的目的是更有效地向说话者传递信息，从而进一步培养学生的语言技能。

（二）有针对性和选择性开展语法教学

在语法教学过程中，老师不需要重新教授学生已有的语法知识，这只会引起学生的反感，同时难以激发学生学习的兴趣。教师在语法教学中应具有一定的选择性和目的性，可以首先通过学习测试来明确学生的语法技能和所处的水平，然后重点讲解学生仍有困惑或尚未掌握的语法。通过辅助语法教学，不断提升学生的英语基本技能，这有助于更好地进行听、说教学。

（三）实现语法教学生动化

语法教学的关键是激发学生的学习兴趣。因此，在教授语法时，教师可以选择一些与现实生活相关的生动有趣的句子作为例子，来引入需要讲解的语法知识。

同时，教师可以教授一些记忆语法知识的有效方法，比如教师画出语法知识框架，帮助学生在头脑中串联成一个全面的框架图，然后连接各个语法点，在框架中学习语法，形成脉络清晰的知识体系。此外，在语法教学中，教师可以增加有关语法的练习，巩固学生对语法的理解，检验学生是否真正掌握了语法知识。

（四）改变教学方法

改变教学方法指的是结合教学知识，培养学生听、说、读、写、译的能力，改变语法孤立教学知识的现状。这种教学方法不仅可以活跃课堂学习气氛，调动学生的学习积极性，也有助于提高教学质量和学习效果。语言教学是一种创造性活动，它应充分激发学生的创造性思维，使学生的语言能力从书本知识自然地过渡到应用语言。实践教学方法包含以下几个方面。

1. 演绎法

在语法教学过程中，教师可以根据学生可以理解和已经掌握的语法规则，采用演绎法进行教学。

演绎法通过从一般性原则或规则开始，教师逐步引导学生运用规则推导出具体的语言知识。演绎法的优点是简单明了、节省时间和精力。

例如：

运用所给单词仿造句子。

clever、cute、kind、polite

可输出如下句子：

Bob is the cleverest boy in the school.

Bob is the cutest boy in the school.

Bob is the kindest boy in the school.

Bob is the politest boy in the school.

此外，在教授相应语法规则和例句后，教师可以要求学生使用给定的单词，将例句转换成另一个相似的结构，以便学生在不断的练习中加深对语法点的理解。例如：

运用给出的副词或副词短语将下列句子变成过去时。

She usually has breakfast at seven.（this morning）

学生根据教师提供的范例，可能输出下列句子。

This morning she had breakfast.

演绎法虽然有明显的优点，但也有一些缺点，演绎法中学生处于更加依赖教师的状态，所学语法知识有可能出现不扎实的情况，另外学生较少参与教学互动，总是处于被动学习状态。

2.归纳法

与演绎法不同，归纳法是教师先列举实例，然后和学生一起观察和分析实例，教师再总结归纳语法规则，最后根据语法规则组织学生练习语法。例如，学生在学习了英语形容词和副词的比较级和最高级变化的一般规则之后，随着学生接触到越来越多的英语单词，会逐渐发现一些单词的变化并不符合英语语法中形容词和副词的比较级和最高级变化的一般规则。对于这些英语单词的特殊变化，老师可以先呈现句子，包括那些不规则变化的英语形容词和副词的比较级和最高级现象，然后让学生总结他们的变化规律。

通过对比分析，学生可以明确形容词、副词的不规则变化与一般变化之间的差异。教师可以利用这个机会让学生展示他们的研究结果，然后对学生进行鼓励和补充，最后带领学生一起总结出形容词和副词的变化规律。

3.交互式语法教学法

交互活动通常包括学生之间、教师与学生之间甚至是人与计算机之间的交互活动。其中，人与计算机之间的交互活动主要依靠多媒体教室的交互功能和网络通信技术。学生之间、教师与学生之间交互活动可以建立学生合作机制和师生合作机制，有利于为语法教学提供更广阔的空间。

下面就分别介绍一下学生之间的交互活动和师生之间的交互活动。

（1）学生之间的交互活动。在设计学生之间的交互活动时，教师应根据一定的语法知识，创造一种真实、自由的氛围，充分引导和灵活组织学生运用语法知识进入情境，积极开展互动活动。

例如，在讲解 might，may，can，must 四个常见的情态动词时，教师应先介绍它们的含义：might 和 may 表示"可能"或"可以"，can 表示"可能"或"能够"，must 表示"一定"或"必须"，并说明当用于"推测"时，它们的"可能性"，是依次增强的关系，即 might-may-can-must。

随后老师可以根据语法规则设计一个案例：约翰在办公室的保险柜里藏有很多值钱物品，大量有价值的物品都被偷走了。警方暂时确认了三名嫌疑人：汤姆、凯特和杰克。汤姆是约翰最好的朋友，可以自由出入办公室；凯特是约翰的同事，对约翰的工作和休息时间了如指掌；杰克是约翰的同学，是个经常作案的小偷，曾经闯入约翰的办公室。教师可组织学生扮演警察，讨论"Who is the thief？"。

学生在讨论的过程中，将 might，may，can，must 等词反复地运用到该语境中，不断加深对这些情态动词语法知识的理解，为更好地语言交际奠定基础。

（2）师生之间的交互活动。师生交互是指师生利用目的语进行有效的语言交际活动，包括信息交流、语言交流、情感交流等。教师不再是传统的知识输出者，而是帮助学生掌握知识的有效组织者。

师生之间的交互活动往往可以极大地激发学生的交际兴趣，这对培养学生的交际能力具有重要意义。因此，教师对于师生之间的交互活动，应更为审慎。教师应尽量设计一些有意义的情境交际问题，使学生在回答问题的过程中，可以将已经掌握的语法知识应用于实践活动。

第三节　跨文化交际背景下外语口语教学

一、文化差异对外语口语的影响

（一）习语文化差异对外语口语的影响

习语是语言中的一种特殊表达，是经过历史的积淀和长期使用提炼出来的固定短语或短句。从语义角度分析，习语是一个不能分割的整体，不能从某一组成部分的意义推测出整体的意义；从结构角度分析，习语的各个组成部分有着各自固定的位置，不能随意拆开或调动。如果说语言是文化的载体，那么词语就是语言的精华。习语讲究音节优美合理，音律协调动听，有的生动形象，有的含蓄幽默，给人一种美的享受。从广义角度分析，汉英两种语言中习语的涵盖面大体一致。例如汉语习语通常包括成语、俗语、谚语、俚语、歇后语、行话等，其中只有歇后语是汉民族所特有的，英语中没有相应的表达方式。[①]

成语是汉语习语中的重要组成部分。成语有很大一部分是从古代沿袭下来的，有的是古书上的成句，有的是古人在原有文章意义之上，压缩而成的，还有一部分来自人民群众口里常说的习用语。成语大多是四字结构，字面不能随意更换，属于书面语性质，成语常见的出处有以下几种：历史故事、寓言故事、古书上的句子。

谚语和歇后语也是十分常见的习语类词汇。谚语是流传于民间的言简意赅的话语，多为口语形式的通俗易懂的短句或韵语。歇后语是由两部分组成的固定语句，前一部分多用比喻，像谜面，后一部分是本意，像谜底，通常只说前一部分，后一部分则不言而喻。

这些现成的固定短语或句子，在英语中叫作 idiom，也可称作 set phrase，意思是英语中长期以来被人们使用的、内涵意义完整的、结构固定不变的词组或短句。英语习语中的 idiom 没有十分固定的所指范围，现存的介绍 idiom 的书和词典在编著上采用了不同的处理方法。但从广泛的意义上来讲，proverbs sayings 和 siamese twins 都属于习语 idiom 的范围。

在中文和英语中都包含着非常丰富的习语，它们在语言中起着形象化的作用，用于强调、比喻、描述和传达特定的观点和情感，可以增加语言的幽默感与表达力，因此，想要在英语口语中正确使用习语，必须掌握和学习与习语有关的文化知识。

[①] 杨元刚.英汉词语文化语义对比研究[M].武汉：武汉大学出版社，2008：188-189.

（二）委婉语差异对口语的影响

委婉语的是伴随着禁忌文化的发展而产生的，禁忌文化在人类社会中普遍存在，指的是人们对有些事情如生老病死和隐私等不愿过多提及的现象。禁忌的存在催生出了大量的委婉语。委婉语是人们在日常的交流中实现理想交际的表达方式，通常采用使人感到愉快的含糊说法表达可能令人产生不悦或感到不尊重的想法。不同的禁忌文化下有着不同的委婉语，委婉语同样也承载着民族文化，并与人类文明的进步、审美的变化息息相关。据研究发现，亚洲国家的人们要比西方国家的人们更倾向于使用委婉语，并且委婉语在高素质人群中使用的频率较高，也就是说，委婉语产生的原因和具有的功能相同，但反映的文化不同。

汉语和英语文化都对疾病、排泄和死亡方面的话题有忌讳，需要用委婉语来表达。关于疾病，西方文化常用缩写字母代替疾病的名称，例如"ALL"代表急性淋巴细胞性白血病，"CHD"代表冠心病，"PD"代表帕金森病，big C 表示癌症等。中国文化中关于身体的残疾和缺陷也有一些委婉的表达，如用"盲人"代替双目失明之人，"谢顶"代替发量稀少，"腿脚不方便"代替腿部有残疾，"失聪""耳背"代指听不见等。关于去厕所，汉语中也有一些委婉的说法，如：净手、解手、如厕、出恭、方便一下等。英语中人们尽量用一些文雅的词来代指厕所，如：bathroom, restroom, lavatory, comfort station, public convenience 等，"上厕所"的含蓄说法有"Where can I wash my hands?""I'm going to spend a penny"和"have a BM（bowel movement）"。①

人的死亡也是不愿被提及的沉重话题，当亲近之人或者受人尊重、爱戴的人死了，汉语中就会称为"去世、逝世、与世长辞、故去、诀别"，对英雄人物的因公去世还会尊称"牺牲、就义、殉职"等。西方文化则会用"be safe in the arms of Jesus, be in Abraham's bosom, be asleep

---

① 谭焕新.跨文化交际与英汉翻译策略研究[M].北京：中国商业出版社，2018：190.

in the valley，return to dust，be taken to paradise，go to meet one's maker，be promoted to glory，go to heaven"等短语表达，"死者"被称为"the departed"（与大家分开的人）。

此外，由于超重和肥胖已成为西方国家较为严重的社会问题，人们不希望别人用"fat"一词形容自己，如果想形容一个人胖，可以用"plump""buxom""voluptuous""full-figure"表示丰满的、富足的。在中国文化中，人们会用"肉嘟嘟""丰满""富态""发福""丰腴"来形容身材丰满。

不同文化中的委婉语存在差异，委婉语背后隐藏着语言中的禁忌，正确应用禁忌语，一方面，是尊重对方文化的表现；另一方面，也是不同文化之间的人可以顺畅交往的前提。所以，只有培养好外语口语能力，并在与其他国家的人交流时，注意文化思维方式的差异，注意语言的表述是否正确，才能更好地沟通。

二、外语口语教学的目标与内容

（一）外语口语教学的目标

1. 基础目标

能在口头交流中使用基本语言知识进行简单沟通，并能够就某一事物展开简短描述，且在给予参考资料及准备时间的基础上，表达对某一话题的观点。在表达中思想基本清晰，能使用基本的语法结构和字词，能运用常见的会话技巧。

2. 提高目标

在基础口语能力的基础上进一步发展和提高学生的口语表达能力，使学生能够流利、自信地运用英语进行个人观点、情感意见等方面的口头交流。在表达中语言组织清晰，逻辑顺畅并能够引入一些复杂词汇和表达方式。

3. 发展目标

在提高学生口语表达能力的基础上，培养学生在不同语境和任务中灵活运用英语口语的能力。学生能在真实的交流中更好地达到准确表达、正确理解、恰当回应的目的。学生能够有效运用各种口语交际策略，能够准确使用语音、语调传达情感。

（二）外语口语教学的内容

1. 语音训练

语音是开展外语口语学习的基础。语音训练的目标就是掌握正确的语音和语调，包括重读、弱读、连读、音节、意群、停顿等。错误的发音甚至是不正确的语调必然会影响对方对对话内容的理解，甚至造成误解。

教师在开展口语教学时，必须关注引导学生利用语音、语调表达正确的意思。语音、语调不仅影响说话是否好听，还具有一定的表意功能，一旦说话就必然会涉及语音、语调的变化。教学中，教师不仅要关注句子层面的句型结构，而且更要关注口语语篇中的语音、语调的讲授。

2. 词汇练习

词汇是外语教学开展听、读、说、写四项技能的基础，是一项不可缺少的工具。没有足够的词汇储备，就不会有足够的输出语料库，从而无法进行信息交流。如果没有足够的词汇，就无法在大脑中建立预制语块，这将不可避免地影响外语语言输出的有效性。口语交际的实现离不开充足的词汇储备，因此，教师在英语口语教学活动中，应主动关注学生词汇的积累。

3. 阐述语言口语化特征

让学生了解外语语言口语化的特点。例如，外语情景交际教学中，当对话涉及听者时，疑问句通常会省去句子的主语甚至是助动词。了解语言口语化的特点有利于提高学生的口语能力。

4.交际互动能力培养

让学生掌握交际互动能力。口语交际中，如何开启对话是一个重要的问题，如何结束对话也是一个值得研究的问题。在外语口语学习过程中，教师应引导学生掌握在互动中进行有意义的磋商技能，如澄清请求、确认检查和理解检查等，从而培养学生的交际互动能力。

5.教授文化知识

在外语口语交际中，相关的文化背景知识也很重要。恰当得体的交际决定了学生应该掌握一定的文化知识，包括共同的文化规则和不同文化之间的交际规则。这意味着学生不仅要有扎实的语言基础知识，还要有一定的文化知识。教师应该在外语教学过程中，将文化知识纳入外语教学的教授范畴，帮助学生逐渐构建知识框架。

三、外语口语教学的新策略

（一）创设语言情境教学

语言学习的最终目的是在实践中应用该语言，解决现实生活、工作和学习中的相关问题。因此，也应该为学生创设具体、真实、生动的语境，让学生在此种情景中开展口语教学。教师需要在学生开展口语实践时，创造多种语言情境，加强语言与情境的紧密结合，使抽象语言具体化、情景化和可视化，更接近日常生活中的自然对话。

实践证明，在课堂上创设真实的语言情境，不仅可以激发学生学习外语口语的兴趣，而且还能使学生更快地掌握口语技能。情境创设法的开展方式有很多，下面介绍其中的两种。

1.配 音

教师选取一段电影片段或小视频作为教学素材，可以先让学生听一遍，然后再解释其中包含的语言要点，再通过播放两次电影片段或小视频，这样学生就可以试着记住教学素材。之后教师把电影片段或小视频调到静音，让学生根据记忆，试着复述。此外，教师可以让学生观看无声电影和电视，然后让学生利用自己的想象力为画面配音。这种方法更有利于激发学生的想象力，调动他们参与的积极性，口语练习的效果会更好。

2. 角色表演

角色扮演是一种深受学生喜爱的教学活动，也是情境教学的主要方式。在教学操作过程中，教师可以首先为学生创设一个具体的情况，根据情况，教师可以划分可能出现的角色，并分配或允许学生讨论后自定义各自的角色。分工后，学生可以开展排练，然后在全班面前表演。在排练和表演期间，教师应尽量不干预，如有必要，只需给予适当的指导。表演结束后，老师可以先让学生表达他们对表演技巧和语言使用的看法，最后老师再对学生的表演进行点评。

这种角色扮演有助于提高学生对口语表达的兴趣，减少学生对外语口语学习的恐惧，帮助学生摆脱机械、重复和单调的练习，使学生能够在不同的社会环境中以不同的社会身份进行交流，因此对提高外语口语教学效果起着重要作用。

（二）课堂结合评价教学

评价在教学中起着引导和促进的作用。通过评价，教师可以及时发现学生外语学习中存在的问题，并加以纠正和指导。因此，口语教学也可以将评估与课堂教学相结合，通过评估激发学生学习口语的意愿，明确外语口语教学的重点，指导外语口语教学的方向，提高外语口语教学的效果。

外语口语教学的功能评价方法主要有两种：形成性评价和终结性评价。

1. 形成性评价

形成性评价又称"过程性评价"，是一种持续的评估过程，旨在了解学生的学习动态过程、识别问题并提供及时的反馈，帮助学生的学习和成长。形成性评价在外语口语教学中，要求教师将课堂教学的功能目标分解为几个阶段的评价目标，根据每个目标阶段的特点设计相关的评估活动，然后针对每个班级实施这些评估活动，并在一段时间后对每次评估进行总结，诊断学生是否达到了学习目标。如果学习目标得以实现，学生应获得适当的奖励或鼓励；如果培养目标没有实现，有必要分析原因，确定下一步的教学行为、教学活动、教学重点等。

2.终结性评价

终结性评价是一种结果性评价，是在某个相对完整的教学阶段结束后对整个教学目标的实现程度做出的评估，如期末考试，目的在于检查学生的学习是否达到了教学目标。终结性评价的标准必须根据课堂的口语交际能力目标来设计一些应用性的活动。通过评价的结果，学生和教师都能了解过去一段时间口语教学的成果与问题，并在下一阶段的课堂教学中予以纠正。

需要注意的是，上述评价标准不是静止的、一直不变的，也不是适用于所有外语口语评估活动的，而是随着评价理念和评价内容的变化而变化。在实际的口语评价中，教师还必须结合实际情况确定评价标准。

四、跨文化背景对外语口语教学的启示

（一）导入文化背景教学

语言是文化的载体，语言的使用反映了说话人的文化背景。中国学生深受母语文化的影响，母语文化根植于他们的内心，所以当他们说外语时，总是会受到中国式思维影响，并且保持中国式的表达方式，反映中国的社会背景等，这很容易导致表述不明确。因此，在外语口语学习中，教师必须将文化与外语口语学习相结合，运用导入文化背景的方法来教授外语口语。

1. 文化导入的内容

文化导入教学开始之前，教师先要明白文化导入的内容为何。文化对语言的影响和制约主要表现在两个方面：词语意义和话语意义。因此，口语教学中，教师也要从这两个方面来导入外国文化。词语意义的文化导入内容包括词、习语在文化含义上的不等值，字面意义相同的词语在文化上的不同含义，民族文化中特有的事物与概念在词汇语义上的表现。话语意义的文化导入内容包括话题的选择、话语的组织等。

2. 文化导入的方式

文化导入的方式主要有两种。

（1）结合教材导入。根据每堂课的学习内容，教师可以结合教学内容向学生介绍与本堂课学习内容相关的一些基本文化知识。例如，在中外饮食主题的课程上，教师可以向学生介绍一些西方饮食文化，并将相关的词汇、相关口语表述作为补充教学随堂教授给学生，这种方法是最直接、最自然的导入方式。

（2）结合多媒体导入。外语口语学习的一个主要不利因素就是缺乏一个外语语境。缺乏外语环境使学生无法切实感受并了解中外文化的差异，这也减少了学生练习外语的机会，增加了外语表达的困难。

因此，教师可以利用多媒体为学生提供大量的外语文化知识，教师主导创造真实的外语场景，让学生体验外语文化，增加学生互动，有效激发学生学习积极性。

（二）培养学习者宽容的语言态度

外语学习首先要培养学生对各国语言的宽容态度，语言和文化是相互关联的，教师应引导学生了解他国语言的文化背景和价值观，帮助他们主动探索语言的历史、特点和表达方式，树立一个尊重和包容不同语言的环境，避免出现歧视或贬低其他语言的行为。培养他们尊重和欣赏其他语言的意识，这样才能更好地使学生了解其他语言和文化。

因此，外语教学的首要任务就是培养学习者的语言能力，包含听、说、读、写等交流能力以及对语言规则的使用能力。其次要培养学生对目的语文化的理解和包容。不仅要了解目的语国家的文化、历史、价值观，也要提高对文化差异的认识，提高文化敏感度。此外，外语教学还应帮助学生发展学习策略，增强自主学习意识，使其能够更好地应对不同学习情境和需求。

口语作为日常交流沟通的重要手段，是语言学习的重要组成部分。随着多元文化在当今社会的迅速发展，外语口语教学也必须满足时代需要，满足社会的需要。学生应积极使用外语作为交流工具，并愿意积极学习和理解中外国家的文化差异，因此，学生参与的态度必须是积极主动的，才能在口语学习中产生明显的效果。

教师应该在主观上对中外文化差异有着一定的了解，从外语国家的社会和文化角度出发，提高学生的学习积极性，调动学生的参与精神。教师需要思考学生是否能够在将来离开学校时使用他们所学的知识，达到有效沟通的目的。所以所授知识的实用性显得尤为重要。

（三）增加教学材料的输入

外语口语教学应该增加自然语言的元素。自然语言指的是实际生活中人们所使用的语言，这些语言具有真实的交际情境和语言习惯。将自然语言纳入口语教学中可以帮助学生更好地适应实际语境，提高语言交流的流利度。为了让学生掌握正宗的口语表达方式，外语口语课往往需要使用多套教材，并且需要添加一些辅助听力材料，尤其是真实的语音材料。通过接触真实的语音材料，听取并模仿自然语言表达方式，学生可以更好地理解和掌握目标语言的发音特点、表达方式等。教师应在教学过程中让学生听到并习惯不同文化中的口语环境，以提高学生的学习灵活性，满足时代的需要。

（四）提高师生的文化意识

外语口语教学的一个重要方面是提高学生对文化的兴趣，积极培养学生的学习文化的意识。

教师应在教学过程中有意识地介绍一些关于不同国家和学生文化差异的知识，以激发学生的兴趣。在外语口语材料的讲解中，教师可以为学生提供一些视频材料，直观地展示不同文化在生活中的不同表现。学生也可以分为几个组来比较不同国家之间的文化差异，明确文化之间的异同。

在基于文化差异的外语口语学习中，教师应该激发学生的文化意识，只有这样，学生才能获得更真实的外语，培养外语思维，提高外语水平。

第四节　跨文化交际背景下外语阅读教学

一、文化差异对阅读教学带来的影响

文化差异在很大程度上决定了语言的差异，这些差异对外语阅读教学带来的影响是多方面的。

（一）文化特色词中的文化差异

由于地域、环境和历史发展进程的差异，每个国家和民族都有自己独特的文化。语言是文化的载体，文化的发展变化也会体现在语言上。因此随着时代的变更与发展，语言中逐渐积累了一部分反映本民族文化现象和生活方式的词语。由于这些是某个特定文化背景下具有独特意义或文化内涵的词汇，因此，具有特定的文化特征和象征意义。对于这些词语的命名，如同对文化的定义一般，学术界没有一个统一的观点。最常见的说法有以下几种："文化特色词""文化负载词""文化局限词"。

其中，文化特色词这一术语来源于翻译学家斯内尔·霍恩比（Snell Hornby）对词汇的分类。从语言的交际作用出发，霍恩比将词汇分为5类：

（1）专业术语；

（2）国际通用词汇；

（3）具体事物、基本活动、静态形容词；

（4）与社会文化规范有关的观感词及评价词；

（5）文化特色词。

而对于文化特色词的界定，虽然学术界关于文化特色词的概念界定众说纷纭，但仍莫衷一是。对于文化特色词的归纳分类基本包括以下几个方面。

（1）涉及特定文化中的习俗、传统、艺术形式或文化符号的词语，在另一种语言中没有对应表达，例如"抓周"和"对联"；

（2）与特定文化中的历史事件、文化象征或重要人物有关的词汇，反映了独特的历史文化特点，如"状元"和"丝绸之路"；

（3）在漫长的历史发展过程中，有些词语由于自身某些特点被赋予了文化意义和联想意义，如"大锅饭""夜猫子""梅兰竹菊"等；

（4）熟语、俚语、典故词等，如"拔苗助长""马踏飞燕""破釜沉舟"等；

（5）涉及特定文化中的社交礼仪、人际关系、交往方式等方面的词汇，例如，日本文化中的"鞠躬"。

文化特色词背后是国家间历史文化背景的差异，文化特色词的差异影响了外语阅读教学的顺利开展。

（二）语言表达方式的文化差异

文化差异不仅存在于丰富的词汇层面，也存在于语言表达方式中，包括习语、成语和谚语等都包含着文化差异。这些文化差异为外国人理解句子制造了障碍。书本、报纸、杂志中包含很多习语、成语和谚语，语言表达方式的文化差异，阻碍了中国学生顺利阅读外语并理解其意。

例如，"To have a stiff upper lip."（嘴唇紧闭）。这个句子在英语文化中表示保持冷静、坚强，尤其是在面对困难的情况下。如果知道这个习语的文化背景才能理解该句表达的对于情感控制和冷静的含义。又如，"To hit the hey"这个习语的意思是去休息或去睡觉，它源自农业社会中晚上用干草垛制作的床，因此，"打干草垛"就成了上床睡觉的意思。

（三）成语典故中的文化背景

语言是文化的重要组成部分，也是文化的载体。每种语言都是国家文化发展的产物，有着悠久的历史渊源和丰富的文化内涵。成语典故中也存在着文化差异。由于它们通常与特定的文化历史、传统习俗、民间故事以及民族价值观息息相关，了解其中存在文化差异可以帮助学生更好地理解和运用成语典故，并提高跨文化沟通能力。

例如，"Bury the hatchet"这个成语典故起源于北美原住民的文化。传说两个部落经历了长期的战争和争端，最终通过将斧子埋在地下达成和解与停战。因此在英语中这个成语典故意指结束争端并恢复友好关系。又如，"Break the ice"源自航海时代，当时船只在海洋上遇到冰冻的水域时，需要使用工具将冰块弄碎以保持船只的安全及航行。后来这个表达被用于社交场合，用来指代打破僵局、缓解紧张气氛，开启友好沟通。而"The ball is in your court"这个成语典故则源自网球运动，从字面上看指的是球在对方场地一侧时，轮到对方发球。因此，在英语表达中，这个典故常用于表达轮到对方采取行动或做出回应。从这些例子中可以看出，成语典故反映了一个语言的文化内涵，了解这些成语典故的背景可以帮助学生了解该文化的价值观和文化传统。

二、外语阅读教学目标与内容

（一）外语阅读教学的目标

1. 主要目标

能够阅读并且理解较为容易、题材较为熟悉的外语报纸文章和其他外语材料；能够准确理解和解释文本的主旨、细节，并能够借助字典或参考资料等其他专业外语学习工具对作者意图等内容进行推理。

2. 完善目标

能够掌握一定的阅读策略和技巧，如预测、推测、略读、归纳、判断等。通过使用这些技巧高效地获取篇章信息，提高阅读的速度和准确性。此外，通过阅读大量不同类型的文章，接触到更多的词汇，并能将其应用于具体语境中。

3. 发展目标

能读懂有一定难度的文章，理解主旨大意及细节；能够阅读外文报刊发表的文章，以及外文文献和材料，更好地理解逻辑结构和隐含意义；能够全面分析各种阅读材料的内容，形成自己的理解和观点；能够识别和理解文章中蕴含的文化差异。

（二）外语阅读教学的内容

外语阅读教学的目标是培养学生全面发展的阅读能力，使学生能够独立、准确、流畅地阅读和理解不同类型以及主题的文本，并从中获取必要信息。为此，外语阅读教学应包括以下内容。

（1）教师引导学生辨认语言符号，当阅读材料中涉及陌生词语，教师应当教授学生一些技巧，帮助学生猜测陌生词语的意思和用法。

（2）外语阅读和中文阅读类似，文本之下往往包含隐藏之意，教师帮助学生理解文章材料中涉及的相关概念及文章中隐含的意义。

（3）教师帮助学生掌握足够的词汇量，并理解单词在上下文中的含义、语法规则以及句子结构。引导学生对词汇做到灵活运用。

（4）教师帮助学生掌握各种阅读理解的技巧，训练学生运用技巧解读文本的能力。

（5）教师帮助学生培养阅读的速度和效率，以提高阅读的流畅性。

（6）教师帮助学生总结概括文章主旨。

（7）教师通过介绍相关文化知识、讨论文化差异引导学生了解文本所涉及的文化背景，培养学生的跨文化意识。

三、外语阅读教学策略

（一）阅读前策略

学生开展阅读活动之前，有必要先做相应的准备工作，因为这可以使学生在短时间内了解想要阅读的材料的相关信息。通过阅读前的准备工作激活相关主题的背景知识，让学生有机会尽快进入文章背景，激发学生的阅读兴趣，为下一步的正式阅读打下良好的基础。以下是一些初步准备活动。

1.扫除障碍

在造成学生阅读困难的诸多因素中，词汇无疑是最重要的，因此，教师有必要通过多种途径在阅读之前帮助学生扫除词汇的障碍，以便学生更好地阅读。

教师也可以指导学生课前预习，并适当安排一些可视化问题，这不仅可以让学生明确阅读的目的，而且可以针对性地开展阅读活动，同时也要培养学生的自主阅读能力和自主学习习惯，为课堂教学的顺利进行做好心理准备和知识准备。

此外，这种有针对性的预习还可以提升课堂效率，加快课堂节奏，并使学生在有限的时间内学习更多的知识。

2. 以旧引新

以旧引新是指从旧的语法知识中引入新的语法知识，阅读教学往往与语法知识教授同步进行，掌握语法知识是开展阅读的必备条件之一。在教学过程中，教师会发现，有时同样的语法会出现在几个单元中，因此，教师在教学中可以根据语法重复出现这一特点，不断重复地引用这个语法，提高学生的记忆力。在学习外语的过程中，语法的难度是渐进式的，所以在教授新的语法点时，教师可以通过先复习旧的语法知识，在结合旧的语法知识的基础上，引入新的语法知识，实现知识的再现和"滚雪球"式前进。

3. 了解基础知识

学习一门语言不仅意味着学习词汇、语法、句子等内容。学习语言，也是研究语言所承载的文化的过程。因此，在阅读训练中，教师有必要向学生介绍一些与文章相关的社会文化知识，学生不仅可以更好地理解阅读内容，同时也可以激发学生的阅读兴趣，提高学生的学习积极性。例如，在教授复活节相关课文时，教师可以在课前准备一些复活节相关的材料，找到复活节彩蛋的图片，然后展示给学生，并与学生进行适当的讨论，充实学生现有的知识和生活经验，激发他们的学习兴趣。

4. 预测情节

有效预测故事情节可以在阅读开启之前，推动阅读的成功完成。这就是为什么老师可以引导学生大胆想象，并根据主题或一些关键词预测故事的情节，激发学生的好奇心，调动学生的阅读积极性。有针对性的预测不仅可以巩固学生现有的知识，同时可以培养学生的逻辑推理能力，帮助学生准确把握文章主题。在具体的教学过程中，教师可以根据文章的标题（标题通常是文章中心的体现）指导学生预测内容。无论预测的内容是否正确，对于了解文章的内容将是有益的。此外，教师可以指导学生根据关键词预测文章内容，充分发挥学生的想象力，提高学生的阅读能力。

（二）阅读中策略

1. 略　读

略读实际上是一种快速阅读全文以获得文章基本思想的方法。因此，略读可以称为选择性阅读。略读不需要逐字逐句地阅读，只需选择每个段落的第一句和最后一句，有时只需指向一段中的主题句，掌握主题的基本事实或细节。当以这种方式阅读时，学生可能会有意识地跳过一些单词、句子，甚至段落，忽略一些细节或示例。

（1）注意文章的标题、副标题、加粗部分、斜体和突出显示部分。文章的标题通常是文章内容的主旨，关注标题通常可以帮助学生预测文章的主要思想，副标题是对每个部分内容的总结和集中，而加粗部分、斜体和突出显示部分往往提醒学生这部分是非常重要的信息。因此，在阅读过程中，要注意文章的标题、副标题、加粗部分、斜体和突出显示部分。

（2）重点放在文章的第一段和最后一段以及段落的开头和结尾。文章由句子组成的段落形成，这些句子之间有一定的逻辑关系。许多文章的第一段通常是对全文主要内容的总领，最后一段是结论。段落的第一句通常是主题句，而最后一句通常是总结句。因此，阅读文章的开头和结尾以及每个段落的开头和结尾将有助于顺利阅读。

（3）注意关键词。关键词可以反映特定场景下主题的内容，其中大部分内容与文章的主题相关，关键词的使用主要是凸显出文章主题。

（4）重视关联词。表达逻辑关系的关联词可以有效地帮助学生预测语境，预测和评估作者的观点、想法和行为动向，因此，在阅读过程中，教师应引导学生对关联词给予足够的重视。

2. 寻找主题句

理解一篇文章的关键是定义文章的主题，而要定义主题，首先需要定位主题句。文章的中心思想（即作者的主旨）通常通过主题句来表达，因此，寻找主题句对于确定文章的中心思想和理解文章非常重要。主题句通常是对文章主旨的总结，句子结构相对简单、位置非常灵活，通常有以下几种情况。

（1）段落开头的主题句。一般来说，在写文章时，作者会先提出一个主题，然后详细讨论，所以主题句经常出现在段落的开头。而且，主题句放在段落的开头，直截了当、一目了然，也是读者最容易把握的。

（2）主题句在段落末尾。主题句位于段尾的情况也十分常见，此时的主题句通常是对上文的总结，或是对上文的描述提出的建议。

（3）主题句同时位于段落的开头和结尾。主题句同时位于段落的开头和结尾，这也是一种文章中常见的情况。但此时，段落末尾的主题句不仅是段落开头主题句的重复，也是段落开头主题句的进一步扩展和呼应，在大多数情况下，段首和段尾的主题句在词汇使用和句子结构上也存在差异。

（4）段落中的主题句。有的文章中也有主题句位于段落中间的情况，主题句之前的句子主要是为主题句铺垫，目的是引出要论述的主题，而主题句后的段落可以进一步阐述主题和引申主题。

（5）主题句隐含在段落之间。在有些文章中，尤其是多段文章中，无论是段首、段尾还是段中，都很难找到明显的主题句，实际上这类文章的主题句已融入段落之中，需要学生捕捉文章细节，自己概括文章大意。

四、多元文化对外语阅读教学的启示

（一）因材施教

不同的学生有不同的生活经历、不同的性格特点和语言水平。在以学生为中心的教学理念指导下，外语阅读教学应根据学生的能力进行分层教学。这就要求教师选择合适的教学方法，以满足不同层次和目标的学生需要，使每个学生都能获得阅读技能的提高。因此，教师应注意以下两个方面。

（1）对于阅读能力较差的学生，教师应选择较容易理解的阅读材料（如简单易懂的故事等）并提出相对简单的问题。当学生正确回答问题时，学生将获得成功的喜悦，并找到学习的信心和乐趣，以更大的热情投入阅读中。

（2）对于阅读能力较强的学生，教师可以选择具有挑战性的阅读材料（如世界名著、有难度的期刊等）同时分配一些具有挑战性的任务，这样学生可以挑战新的高度，挑战自我，同时扩大学习的新视野，增加外语与文化知识，提升自我。

（二）多样化导入

多样化导入包括两个方面：导入内容的多样化和导入形式的多样化。

1.导入内容的多样化

导入内容的多样化要求教师做到以下两点。

（1）所选材料应经常变换体裁，而不能局限于一种体裁。这样才能满足学生的多样化需求，使学生熟悉各种体裁文章的不同行文特点，从而提高阅读理解的准确性。

（2）所选材料不能局限于一类主题，而应经常变换题材。这样才能增加学生的不同文化知识，以提高阅读理解水平。

2.导入形式的多样化

导入形式多种多样，主要有以下两个方向。

（1）根据阅读材料的内容，运用比较、融入、体验等多种方法导入相关文化知识。

（2）通过图片、视频、音频等材料来对阅读材料中蕴含的文化现象进行解释和说明，从而生动地展示真实环境下语言所承载的文化内涵，并体验外语国家的文化。

值得注意的是，教师作为教学活动的领导者和组织者，发挥着文化传承的作用。因此，教师在进行文化呈现的过程中，不仅要注意上述方面，同时也不断加强他们的课内外文化素养。教师能够将相关的文化知识和内容融入阅读教学过程中，向学生传授语言的深层文化内涵。

3.运用多种方法导入文化

（1）教师介绍。在课堂教学中，教师对于学生获取文化知识起着重要的引导作用，因此，在外语教学中，教师应该充分发挥自己的作用，通过介绍和解释来引入外国文化知识。在课堂，阅读教学中，教师可以结合教材组织一些专题，帮助学生熟悉外国国家的文化知识。例如，教师可以针对性地安排节日主题、饮食主题、家庭和电影主题等。结合这些主题，教师可以介绍和解释外国国家的文化知识，使学生能够更系统地了解阅读材料中隐含的文化内涵。

（2）课外阅读。通过课外阅读，学生可以接触到更多不同的主题、文本，并扩展词汇量及语言表达能力。此外，课外阅读也为学生提供了阅读实践的机会，帮助学生掌握最新词汇搭配，培养阅读理解的技巧，提高对阅读材料理解的准确性。

4.循序渐进

由于学生的语言水平参差不齐，在阅读教学的基础阶段，教师在选择导入内容时不必选择那些难以理解的文化知识，相关文化知识和内容的引入可以逐渐由浅变深，由简单变复杂，循序渐进。

此外，在介绍外语国家的文化知识时，教师应尽量选择与学生生活密切相关的内容，这些内容更具实用性，可以帮助学生了解在日常生活中可能遇到的情况和沟通方式，激发学生的学习积极性。

5.关联性

所谓关联性，是指将文化知识引入阅读教育中，应主要与材料的主题、文章的作者、作者的背景等有关联。文化知识的引入可以帮助学生更好地理解阅读材料中的上下文信息。由于文本中可能包含特定的文化参照、传统习俗、社会背景等内容，这些内容对全面理解文本内容至关重要。因此，教师应重视引入与文本有关联的文化知识。

需要注意的是，虽然关联性原则要求教师在阅读教学中包括背景知识，但应注意引入的比例。文化知识作为课程内容的一种背景资料，对于阅读教学而言起到的是辅助的作用，而非主导作用。因而适当地引入文化知识可以有效帮助学生提高阅读水平，但如果过度，则会使阅读课程变为文化介绍课，导致教学目的主次不清。

第五节　跨文化交际背景下外语翻译教学

一、文化差异对翻译带来的影响

翻译并非仅仅是一种语言间的转换活动，更是一种文化之间的信息交流活动。从某种程度上来看，译者对汉文化差异的正确解读，对翻译的成败起着至关重要的作用。概括来说，文化差异对翻译的影响主要体现在以下两个方面。

（一）翻译空缺

翻译空缺意味着语言之间存在着某些词汇或表达在另一语言中无法直接对应的情况。由于英汉语言属于不同的语系，翻译空缺现象在不同语言交流过程中尤为明显，这给翻译的顺利进行带来了障碍。在翻译教学中，教师应该提醒学生注意这一现象。翻译中常见的空缺有词汇空缺和语义空缺两大类。

1.词汇空缺

虽然不同语言之间有一些共同的特点，但它们也有各自的特点。这些特点渗透到词汇中，将导致不同语言之间的概念表述产生差异。这与译者的地理位置、自然环境、生活方式、社会生活等有关。

有些词汇空缺是因生活环境的不同而产生的。例如，不同地区的饮食有着各自的特点。中文的"早茶""火锅"等在英文中缺乏准确的翻译，且由于中国作为农业大国，主要粮食为大米，因此根据大米的生长环境及生长阶段，中文对"米"这个字都有着不同的称呼，而英语中则一概称为"rice"。

语言是不断变化发展的，反映了社会、科技和文化的变化。例如，随着手机拍照技术的进一步发展，澳大利亚最先发明了selfie（自拍）一词，随后在世界范围内广泛使用。此外，emoji（表情符号）也是网络社交媒体不断发展中的产物。有些新词汇在不同语言中无法找到对应表达时，会采用直接借用外来词汇，或创造新词汇等方式进行表达，因此会出现词汇空缺的情况。

因此，教师在英汉翻译教学中要特别注重词汇空缺现象，培养学生的词汇与自测能力和积极学习词汇的态度，灵活运用翻译策略化解由词汇空缺造成的理解障碍，从而精确翻译语篇内容。

2. 语义空缺

语义空缺指的是在语言理解或表达中遇到的词汇或含义，虽然字面意思相同但却有着不同的含义，无法准确对应。例如某些抽象概念在中文和英文中可能存在不同的表达方式和语义含义，导致在翻译过程中难以准确传达。

因此，教师在日常的翻译教学中要不断引起学生对语义空缺现象的注意，遇到空缺现象时，尽可能准确把握原文的意图和含义，灵活处理，寻找目标语中最接近的词汇进行表达。

需要说明的是，语义空缺还表现在语义涵盖面的不重合，也就是在不同的语言中，由于表达场合、表达对象的不同，一个语言的词汇在不同语言中会产生不同的含义。

例如，中文的"教育"一词，包含了整个教育过程、学习过程以及技能培养等方面，涵盖面较广。而教育在英文中的直接对应词 education

则侧重于教育体系和教育方式及原则，由此可见，中文"教育"一词虽然和英文的 education 基本语义相同，但在实际使用时存在差异，即该词在两种语言的语义范围上并不一致。因此，教师应引导学生注意词语在语言交际中产生的实际语义，从而在翻译时实现语义空缺的弥合。

（二）文化误译

翻译中的文化误译是指在跨文化翻译或交流的过程中，由于翻译者对目的语言文化的不熟悉或不理解，导致某些文化元素被错误解读的现象。翻译中的文化误译是中国学生在英汉翻译中普遍存在的问题。

例如，"to eat no fish"与"to play the game"的字面意思分别为"不吃鱼""经常玩游戏"，但在这句话中显然是讲不通的。实际上，这两个短语并非表面字意，都有其特定的含义。在乔治王时代的英国，吃鱼被看作是与虔诚、谦虚和节制有关的行为。这是因为在基督教信仰中，鱼被视作在宗教斋戒期的适宜食物，所以"eat no fish"（不吃鱼）可以理解为表示某人遵循宗教教义，于是"不吃鱼"的教徒就被认为是"忠诚的人"。"to play no game"指的是不参与赌博或游戏活动。在乔治王时代，赌博被视作一种不道德的行为，可能会导致道德堕落。因此"to play no game"被解释为遵守一定的道德规范。不了解这些文化背景，想要正确翻译是不可能的。

由此可见，在翻译教学中，教师应引导学生对目标文化的了解，并注重文化背景和文化差异的研究，积极学习和理解源语言与目的语之间的文化差异，灵活运用翻译技巧及策略，以准确传达原文的含义。

二、外语翻译教学目标与内容

（一）外语翻译教学的目标

1. 基础目标

能运用一定的翻译技巧并借助词典等工具对语言难度相对较低的文本进行翻译，译文含义基本准确，无较大语言表达错误。

2. 提高目标

能灵活运用一定的翻译技巧，通过转换语义、解决歧义、选择恰当词汇等方式较为准确地传达原文信息。也能正确理解语义和语境，译文含义较为准确。

3. 发展目标

能针对特定领域的材料，如法律、医学、商务等，运用专业词汇和知识准确流畅地进行翻译，译文语言通畅，无漏译、错译现象，对原文理解准确，翻译技巧使用得当。能根据不同文本材料灵活采用相关翻译策略，翻译结构清晰，能够满足专业及业务工作需要。

（二）外语翻译教学的内容

1. 培养学生推理的意识和能力

这里的推理并不是译者凭空想象做出的，而是基于文本的内容和结构。具体来说，学生看到文本的内容后，可以根据现有的经验和结构、逻辑联系、语境等进行推理，这些推理往往可以为学生提供一些额外的信息，使学生对原文的理解也会更深刻、更全面，译文质量也会得到提高。但需要指出的是，无论哪一种推理技巧，都必须建立在正确识别语言结构内容的基础上，否则推理就变成了毫无根据的想象。脱离了原文，译文的可信度也就无从谈起了。

2.引导猜词教学

学生的词汇量及其对词汇的掌握将影响概念能力的形成。所谓概念能力，是指在理解原文的过程中，将语言中的零散信息升华为概念的能力，是转换的全过程对原文形成的感知与理解。因此，可以得出结论，词汇影响概念能力的形成，概念能力反过来影响理解，最终影响翻译质量。这就是为什么词汇储备量和猜测生词的能力会成为翻译教学的关键。在翻译教学中，教师应该向学生介绍一些常用的猜词策略。

（1）结合实例猜测词义。有时下文中列举的例子会对上文提到的某个词语进行说明、解释，这就为学生提供了猜词的线索。

（2）根据构词法猜测词义。词汇的构成是有规律可循的。掌握这些规则后，学生可以快速猜测一些生词的意思。因此，教师应传授学生构词法的知识。

（3）利用信号词猜测词义。所谓信号词就是指在上下文中起着连接作用的词语，这些词语对于生词的猜测有着重大的意义。

（4）通过换用词语猜测词义。外语语篇有时使用具有相同或相似含义的单词来表达相同的含义，以避免单词的单调和重复。此时，学生可以使用相对简单的同音词或者近义词来推测生词的含义。

三、外语翻译技巧

（一）直译法

直译法不仅是所有翻译类型中常用的方法，也是跨文化翻译过程中译者可以选择的主要方法。直译法在文化翻译中的使用方法，具体分析，就是译者在目的语中选择与母语语言相对应的词语和表达方式，然后翻译出母语文本中体现的文化内容。这种做法尽可能地保留了母语文化的特征，有利于读者开阔文化视野，了解母语文化。

（二）意译法

在很多翻译实践活动中，由于两种不同语言的表达方式和文化内涵差异较大，目的语中缺少能有效表达母语中具有文化色彩的词语，且采用其他方法也无法很好地表达母语文本中的文化内涵。在这种情况下，译者就适合采用意译法进行翻译。

采用意译法进行翻译时，译者往往不用考虑母语文本的语言形式和字面含义，而是应该把翻译母语信息的意义作为首要的翻译目的，这个方法的缺点就是可能会造成母语文本承载文化内涵的缺失，也就是说，这种翻译方法可能会使母语文化意象受损。

（三）音译法

几乎每一种文化中都有自己特有的物象，这些物象体现在两种语言的转换过程中，是母语文化中存在的物象表达在目的语中呈现"空缺"或"空白"的现象。此时采用音译法将这些特有物象的表达复制到目的语中是比较合适的做法。采用音译法对文化词汇、短语进行翻译，能最大限度地把文化中的语言特点和文化特色保留下来，也能给听者留下深刻的印象。

音译是根据词语的发音采用发音相同或大致相同的目的语词语来表达的一种翻译方法。有些词语表示了其所属文化下的某些新兴、特有或最早出现的事物、概念等，这些事物、概念在译语文化中一开始并不存在，翻译时也就无法找出与之对应的词语，因此，可以采用音译法来翻译。

北京奥运会的吉祥物"福娃"最早的翻译其实是"Friendlies"，这个翻译在当时受到了大家的质疑，认为关于福娃的文化特色完全被磨灭了，也无法体现中国语言的文化内涵。而奥运会吉祥物一个很重要的功能就是要体现奥运会主办国的国家及民族特色，因此这个翻译没有得到奥委会的认可。为了体现中国的文化特点和民族特色，最后翻译组采用了"Fuwa"这个音译的翻译方案。

需要指出的是，音译法不能胡乱使用。如果学生一遇到不理解的词语就音译，就无翻译可言了。因此，教师在教授音译法时，应告诉学生音译法的使用范围，即用于地名、人名、机构名称以及一些流行语的翻译，其目的在于保留源语的异国风味，减少翻译过程中的文化遗失和语意误解，可快速、准确地传播文化，同时丰富本国语言。

（四）转译法

转译法是一种涉及词类转换的翻译技巧。由于英汉表达习惯不同，译文中不可能每个词语的词性都与原文词语保持一致，这时学生不妨适当转换词性进行翻译。例如，把原文的名词转换为动词，把原文中的副词转换为介词等。

（五）套译法

由于不同民族所处的地理环境、居住条件，所拥有的历史、风俗习惯以及宗教信仰不同，因此面对同一种事物或对同一类事件，不同的民族会有不同的理解和认识，这种现象在语言文化上的体现就是在两种不同的语言中会存在字面意义不同，但语用意义相同或相近的词语或短语。在文化翻译的过程中，如果遇到这种语言文化差异，译者可以使用套译法借用目的语中具有相同文化色彩的词语或短语表达母语中的一些内容。

这种现成的译法表达地道、能快速被目的语读者理解。同时在口语交际过程中该方法可以提高交际双方的效率，节省译者的精力。如果没有现成的译法，在合理的条件下套用外语中某些短语的表达句式也是可行的。

（六）综合译法

在实际的翻译中，往往很难只用一种方法就译出高质量的译文，而需要仔细分析原文的内部结构、各成分之间的逻辑关系，使用多种翻译技巧，才能将原文含义用通顺、自然的译语表达出来。

四、多元文化理念下的外语翻译教学

文化是一个广泛的概念，涵盖了价值观、习俗、艺术、语言、行为模式、宗教、科技等人类社会的各个方面。由于文化所具有的动态性及多元化特征，因此会随着时间的变化而变化。

文化通过社会化和教育传承代代相传。每个社会群体、国家地区都有着自己独特的文化和价值观。由于受到不同社会历史、地理、环境等方面的影响，文化之间存在着巨大差异。

这些差异会对不同文化之间的交流沟通造成障碍，导致误解、误读以及行为误判。因此，为了达到跨文化的有效沟通，学习者除了应具备一定的语言表达能力外，还应对目的语的文化展开深入了解。

（一）地理位置的差异对文化差异形成的影响

我国位于北半球，亚欧大陆的东南部，东临太平洋，西部深入亚欧大陆，全国约有90%的土地处于温带和亚热带，气候具有鲜明的大陆性季风气候特点。英国地处北半球，北温带，气候则是海洋性温带阔叶林气候。这决定了每年给英国人带来春天讯息的是西风。所以对于英国人来说，西风是温馨的，雪莱（Shelley）的《西风颂》（*Ode To The West Wind*）正是对春天的讴歌。而中国文化中，西风则给人萧瑟、悲凉、伤怀之意，如"昨夜西风凋碧树，独上高楼，望尽天涯路"（晏殊·《蝶恋花》）。而与之相反，在中国文化中，东风是春天的象征，如"等闲识得东风面，万紫千红总是春"（朱熹《春日》）。故人们总是将"东风"视为吉祥之兆，古语道："万事俱备，只欠东风。"

中国地势复杂，分布着众多山脉和山水景观。因此在中国文化中常常强调山水和谐之美，崇尚人与自然和谐共处。例如中国古代建筑中的园林艺术就体现了中国文化中对自然环境的热爱。此外，中国人认为自然环境与人的命运发展息息相关，强调选择适宜的地理位置与环境作为居所，这反映了中国文化中的宇宙观和风水观。而西方国家由于拥有广阔的海岸线，海洋对西方文化产生了重要影响。海洋文化不仅促进了对外贸易与航海探险，也推动了西方殖民扩张的进程。这种文化特征不仅体现在西方的民间艺术、文学作品、饮食习惯中，对西方国家的经济、社会发展也起到了深远的影响。

（二）习俗文化的差异

传统习俗是指一个民族在日常社会生活和人际交往中形成的特有文化。例如，在中国，红色代表着喜庆、新运和庆祝。因此结婚时，新娘通常身着红色礼服，寓意着婚姻生活红红火火，幸福美满。而在西方，白色被视作纯洁、优雅的象征。因此，新娘会选择洁白的婚纱作为礼服，并遵循 "something old, something new, something blue, something borrowed"（某件古老的，某件崭新的，某件借来的，某件蓝色的）这一传统习俗，寓意着纪念过去的日子，并带着他人的祝福走入崭新的篇章。

此外，中西方的送礼文化也有着一定差异。在中国，人们在社交场合中通常表现出谦虚、恭谨的态度。送礼时双手奉上，并自谦 "小小礼物不成敬意"。而这一习俗在西方国家并不存在，因此，不能将句子直译为 "a small gift cannot show my respect"，这样会给听者带来疑惑，改为 "a small gift does not diminish the respect" 较为恰当。

（三）历史文化的差异

对历史典故的误解源自不同语言及文化之间的独特性和历史传统。了解和理解历史典故中存在的文化差异可以帮助学习者更好地运用这些典故并体会不同文化的多样性。例如，中国文化中 "黄粱一梦" 用来表示一场虚幻的梦境，而在英文中则是使用莎士比亚《威尼斯商人》中 "all that glitter is not gold"表达同样的含义。由此可以看出中英文历史典故差异的背后是历史背景和文化符号的差异。又如，中文"画蛇添足"指的是做一些多余且不必要的事，但在英语中如果直译为"drawing legs on a snake"则会导致误解，因为在英文中所采用的表达方式并不以蛇作为描述对象，正确表达为"glid the lily"，表示给洁白的百合花镀上一层金子，寓意着"多此一举"。

（四）思维方式的差异

思维方式的差异在语言表达和风格中产生了显著的影响。汉语和英语代表了两种不同的思维模式，汉语通常呈现因果循环式的思维，而英语则更倾向于线性和单向的思维方式。例如，在中国文化中人们常常相信一对夫妻的结合是前世的缘分所致。这反映出了汉语思维模式中的因果循环。相比较而言，西方文化将婚姻视作爱情的自然结果，这体现了英语思维模式中线性和单向的特点。这种思维方式的差异在中英两种不同语言中得到了体现。

举例来说，汉语更注重行动的主体，而英语则更侧重动作的结果及对象。例如，英语中"English has been studied for 3 years off and on at the spare time school"的汉语表达为"我们已经在夜校里断断续续学习了三年英语了"。这里英语中的被动语态缺少了句子的主语，而汉语的翻译凸显了以人或物为中心的特点，更倾向于使用主动语态。此外，"Plastic bags full of rubbish have been piled in the streets"在翻译为中文后为"人们把装满垃圾的塑料袋堆放在街道上"，将英语中的被动语态转换为中文的主动语态，再次反映了汉语更注重行动主体的思维方式。

思维方式的差异还体现在表达方式上。英语倾向于直截了当、开门见山的表达方式，习惯于首先清晰表达自己的观点、态度，然后再辅以佐证支持其观点。与此相反，汉语更倾向于曲线思维，通常从侧面切入，由点及面，逐步展开，深入主题。这种思维方式在两种语言的句子结构上也有所体现。英语句子通常采用前重后轻，而汉语在句子结构上偏向于前轻后重。例如，"Research had been centered on the improvement of natural building materials before synthetics were created."，这句话在汉语中的对应表达为"合成材料出现之前，研究工作集中在改进天然建筑材料上"。这里英语将重点放在研究的中心上，而汉语句子则通过前后结构的调整，突出了时间先后和因果关系，更符合汉语的表达习惯。

由此可见，语言翻译不仅仅是语言的传递和交流，同时也是不同文化之间的碰撞。作为语言学习者，不仅需要掌握语言本身，还需要深入理解语言背后各自文化的思维方式。所以，外语教学中的翻译教学不应只停留于文字表面，而应提升到文化层面，使翻译在语言准确性和文化贴合性上都能达到更高的水平，使学习者通过理解思维模式的文化差异，准确解读和传达不同语言的文化内涵与价值，促进跨文化沟通。

五、跨文化交际对外语翻译教学的启示

（一）多元文化意识的培养

1. 重视不同文化背景知识的传授

外语翻译教学中，涉及语言背后中国与外国两个国家的文化，教师如果仅仅关注字面上的翻译技巧如词汇、语法和句法，而忽略文化差异的分析与理解，将会对学生的翻译能力的提升造成负面影响，使其难以达到理想的学习效果，甚至可能导致对原文化的误解和误译。

在翻译"goblin mode"时，学生可能会根据字典中"goblin"一词的含义"精灵"或"矮小的喜欢捉弄人的小怪物"，比如儿童文学作品《哈利·波特》中的掌管古灵阁的小精灵，或《魔戒》中咕噜的形象，将它翻译为"精灵模式"或直接采用单词的音译为"哥布林模式"，但是这两种翻译都无法准确传达"goblin mode"的真实含义。实际上，"goblin mode"是一个英语俚语，指的是一种肆无忌惮的自我放纵或是违背社会

道德的贪婪行为，用来描述现实中，生活习惯糟糕，毫无节制，且放纵自我的人，因此在中文的对应表达可采用"摆烂"一词，该词能够较为准确地传递原语言中的内涵。

由此可见，文化背景知识在翻译中扮演着至关重要的角色。它不仅帮助学习者理解和传达语言中的隐含含义，还提供了目的语社会环境的重要线索。因此，在教学中，教师应注重引入和阐释不同文化背景的知识，以提升学生的文化素养，并培养学生对于文化差异的敏感度。教师可以通过多媒体资源、案例分析、文化考察等形式，向学生介绍各种文化元素，帮助他们理解文化之间的差异。此外，教师还可以组织讨论和互动，鼓励学生分享自己的文化体验与观察，增进彼此的文化交流。而作为教师自己，也需要不断提升自我文化修养，通过阅读、研究、参与跨文化交流活动等加深对不同文化的理解，只有教师具备了深厚的文化素养，才能更好地引导学生进行外语学习。

2. 进行不同文化差异对比

在进行外语翻译教学时，一方面需要强化对其他国家文化背景知识的教授，另一方面借助比较不同国家间的文化差异，提升学生的多元文化意识。

例如，英语中的比喻和典故在中文语境中往往有着不同的含义和参照。英语中，"to let the cat out of the bag"（泄露秘密）比喻因为意外情况泄露了一个秘密。在中文里，则使用马作为比喻对象，表达方式为"露出马脚"。又如，英语中的 "Rome wasn't built in a day"（罗马并非一日建成），用于强调耐心和持续努力的重要性，中文里也有类似表达，如"冰冻三尺，非一日之寒"。这些例子表明，在外语翻译教学中，需要理解并考虑目标语言中的文化背景和常用表达方式，有时直译不足以准确地传达原文的含义，则需要选择适当的翻译策略传达原文中的文化内涵。因此，教师应引导学生深入理解不同语境下的文化差异，并通过对比教学，强化学生对多元文化的感知。

3. 进一步加强本国语和文化的学习

在外语翻译教学中，进一步加强本国语言和文化的学习是至关重要的。通过对本国语言和文化的深入学习，学生能够更好地理解和传递自己文化的独特魅力，促进中外文化交流。

举例来说，在将中国的旅游景点、饮食特色介绍翻译成外语时，通常需涵盖该事物的历史、地理和民俗等多个方面。这就要求译者能够具备丰富的文化知识，能够准确且恰当地将中国的文化传递给游客及外国读者，使他们能够深入了解该景点或事物背后的文化特色与内涵。与此同时，通过准确翻译，进一步推广中国文化。因此，在翻译教学中，教师应激励学生提升自己的汉语表达技巧，加深对中国文明的学习和理解，从而进一步引发学生对本国文化的自信与自豪感。

（二）注重翻译中的跨文化意识

在当前文化全球化的趋势下，曾经被认为难以翻译的文本在如今都能被流畅地翻译出来。这是因为现如今，随着跨文化意识的增强，译者运用翻译技巧深度挖掘语句中的含义，而非只做字面意思的翻译，更全面地阐释原文的内涵，从而使译文更能被读者所理解。

1. 表达意义的融合

在语言中，存在着广泛的象征意象。但是，对于同一象征意象，不同的文化会有不同的理解。例如，在中文中人们会用"胆小如鼠"比喻胆小的人，形容他们像老鼠一样容易受到惊吓，胆怯或缺乏勇气。然而，在英语中，描述胆小的象征意象是"鸡""兔子"或"鹿"等动物，如，"He is a chicken when it comes to taking risks."（对于冒险这件事，他就是一个胆小鬼）。从中可以看出，同样的含义在不同文化中可能会采用不同的象征意象来表达。因此，在翻译过程中，有时候需要采用意译的方式，而不是直译的方式展现原文含义。

2. 文化渗透和语言适应

随着政治、经济、社会和生活方式的进步，文化渗透已经成为一种普遍现象。这种渗透对语言的句子结构、语言、篇章组织产生了深远的影响。根据语用适应理论的观点，语言的应用过程实际上是一种连续的选择过程。在这个过程中，语言的使用必须适应社会交际的语境。为了适应这样的语境，翻译者需要考虑诸多因素，包括翻译对象的心理特点，以及所处社会情境和物质环境等相关因素。

（三）积极开展网络教学与第二课堂教学

当前，外语翻译教学仍然采用传统的教学策略和工具。但是，随着科技、经济和社会生活已经产生了的重大变革，传统的教学策略和工具已无法更好地提高学生的翻译技能。基于此，教师应积极探索新的翻译教学策略和学习工具，并加以教学实践。

互联网是一种信息技术，是一种对信息进行传播、整理、分析、搜寻的技术，其主要任务是传递信息。互联网上存储着大量信息，这些信息和资源会随时更新。因此，在翻译教学中，教师可以引导学生进行网络搜索，阅读课外文章、报纸杂志，观看外语类电影、电视节目，听外语广播等作为课堂教学的拓展环节。同时，教师还可以通过电子邮件、在线课程平台、直播视频等方式进行学生间的团队协作，促进学生之间的交流互动。

教师还可以积极发起第二课堂活动，提高学生的翻译能力。包括要求学生参与跨文化交流活动，如组织语言交流、文化展览、演讲比赛等。通过这些实践性的活动，使学生能够应用所学翻译技能和知识，提高跨文化交际能力，并且能够模拟真实场景，面对和解决翻译中出现的问题。

教师在翻译教学中还应注重培养学生的跨文化意识。为了使学生能够更好地理解和应用文化背景知识及翻译技巧，教师可以在课堂中引入文化元素，创造模拟情境，采用有效的文化对比策略，培养学生对文化差异的敏感度和感知力。通过这种方式，才能更准确地理解原文的文化内涵，并进行恰当翻译。

参考文献

[1] 姜治文. 外语教学与研究 [M]. 成都：电子科技大学出版社，1999.

[2] 赵德全. 民办高校外语教学研究 [M]. 上海：上海交通大学出版社，2018.

[3] 吴友富，王治高. 全国外国语学校外语教学研究 [M]. 武汉：武汉大学出版社，2019.

[4] 李照国，卜友红. 中国外语教学研究 [M]. 苏州：苏州大学出版社，2016.

[5] 杨燕. 高等学校外语教学研究与实践 [M]. 昆明：云南大学出版社，2016.

[6] 蒋昌盛. 外语教学研究和探索 [M]. 重庆：重庆大学出版社，2014.

[7] 王改燕. 外语教学研究 [M]. 西安：陕西人民出版社，2008.

[8] 张红玲. 跨文化外语教学 [M]. 上海：上海外语教育出版社，2007.

[9] 李建平. 语言文化与外语教学 [M]. 重庆：重庆出版社，2003.

[10] 庄恩平. 跨文化外语教学：研究与实践 [M]. 上海：上海外语教育出版社，2012.

[11] 吴进业，王超明. 跨文化交际与外语教学 [M]. 开封：河南大学出版社，2005.

[12] 陈申. 外语教育中的文化教学 [M]. 北京：北京语言文化大学出版社，1999.

[13] 叶丹，徐溧. 语言与思政融合下的跨文化第三空间构建研究 [J]. 产业与科技论坛，2022，21（6）：95-96.

[14] 曹欢. 外语教学中跨文化交际交互性教学模式的构建研究 [J]. 湖北开放职业学院学报，2022，35（5）：164-166.

[15] 杨金才."英国社会与文化"课程思政教学探讨[J].中国外语,2022,19(2):85-88.

[16] 何玉英.文化导入对公共外语教学的重要性及对策研究[J].文化产业,2022(6):142-144.

[17] 叶秀华.高校外语思政课程教学路径探索:以"高级日语"为例[J].太原城市职业技术学院学报,2022(2):163-167.

[18] 陈宇兰.论跨文化能力中的态度培养与情商建构[J].海外英语,2022(4):167-168,170.

[19] 徐二静.增强高职少数民族学生文化认同英语教学研究[J].海外英语,2022(4):221-223.

[20] 张佳妮.在文化自信视角下探索由外语教学转向外语教育[J].海外英语,2022(4):224-225.

[21] 田园丽.中华优秀文化融入大学英语视听说课程的教学研究[J].佳木斯大学社会科学学报,2022,40(1):229-232.

[22] 赵梦迪.外语教学中学生视觉素养培养的研究:基于图片的应用[J].科教导刊,2022(4):20-22.

[23] 李淑君.外语专业中的隐性文化教学研究[J].英语广场,2022(4):91-95.

[24] 赵思奇.基于社会文化理论的外语教学研究现状[J].英语广场,2022(3):113-115.

[25] 杨圣柱.EFL教学中增强中国文化认同机制的实证研究[J].黑龙江教师发展学院学报,2022,41(1):142-144.

[26] 刘颖,高英祺.文化认同视域下跨文化交际能力培养研究[J].林区教学,2022(1):59-62.

[27] 石晓宇.浅谈在外语(西班牙语)语言教学中的文化教学[J].科学咨询(科技·管理),2022(1):250-252.

[28] 谢华.大学英语改革之《中国文化英语导读》教学理念与课程设计探讨[J].中国电力教育,2021(S1):121-122.

[29] 张鸽. 立德树人 协同育人：高校外语教师思政育人能力提升路径探析 [J]. 河南农业，2021（36）：43–46.

[30] 章彩燕."互联网+"背景下中职英语教学方法研究[J].海外英语,2021(24)：129–130.

[31] 刘立伟，沈麟，徐鹏.技术调节大学外语教学模式比较：基于社会文化理论视角 [J].宁波教育学院学报，2021，23（6）：59–63.

[32] 王毅，丁如伟."中体西用"理念下的大学英语教学路径探究 [J].黑龙江教育（高教研究与评估），2021（12）：51–52.

[33] 李熙，张树彬，张晓欣."一带一路"国家商务交际文化对经贸类院校外语教学的启示 [J].石家庄铁路职业技术学院学报，2021，20（4）：93–96.

[34] 肖丹，许钰林，王晶晶《国标》视域下英语专业课程跨文化学习路向探析[J].西安外国语大学学报，2021，29（4）：73–77.

[35] 赵倩.全外语授课教师跨文化教学的焦虑来源与应对策略 [J].泰山学院学报，2021，43（6）：127–131.

[36] 潘文国.外语教学与中国语言文化的学习 [J].外语教学与研究，2021，53（6）：854–863，959.

[37] 陈红.高校外语课程思政的困境及解决路径 [J].三峡大学学报（人文社会科学版），2021，43（6）：30–33.

[38] 王霄."英语+非通用语"模式下"中国文化失语"的思考[J].中国多媒体与网络教学学报（上旬刊），2021（11）：230–232.

[39] 朱贞翊.公共外语中多模态内隐式文化自信心培养 [J].汉字文化，2021（20）：179–180.

[40] 张婷婷，柴红梅.文化自信视域下的高校外语教学分析[J].高教学刊，2021，7（29）：96–99.

[41] 蔡李华.新英语教育中思维素养的培养 [J].大学，2021（39）：137–139.

[42] 艾晴.混合式外语教学模式下跨文化交际能力的培养研究[J].湖北开放职业学院学报，2021，34（4）：172–173.

[43] 黄婉彧，曾艺．高职院校外语教学中文化自信的培养研究：基于赣州市高职院校样本的分析[J].中国多媒体与网络教学学报（中旬刊），2021（10）：105-107，136.

[44] 周天甲，吴长安.国际汉语教材海外推广策略探析[J].出版广角，2021（18）：63-65.

[45] 关博文.农业高校外语教学中跨文化交际知识导入的途径[J].农村.农业.农民（B版），2021（9）：61-62.

[46] 张永泉."语言与文化"关系及其对外语教学的意义：以跨文化交际为视角[J].辽宁教育行政学院学报，2021，38（5）：28-33.

[47] 王艳，张帅，武金锁.大学英语课堂有效增强学生中国文化认同机制与实施路径研究[J].黑龙江教师发展学院学报，2021，40（9）：136-138.

[48] 成雪梅.外语翻译教学与全球化跨文化传播的关系[J].海外英语，2021（17）：42-43，47.

[49] 张鹏."第三空间"视域下我国大学英语跨文化教学探索：基于英国格拉斯哥大学汉语教学的思考[J].西安外国语大学学报，2021，29（3）：82-86.

[50] 高胜兵，蒋威.文学翻译的跨文化性及其教学内容探讨[J].池州学院学报，2021，35（4）：118-122.

[51] 王晨晨.英汉动物词汇文化内涵的对比及在外语教学中的应用[J].海外英语，2021（16）：233-234.

[52] 潘麦玲.中西方文化对比在外语教学中的特点分析[J].英语广场，2021（24）：87-89.

[53] 孙玉凤.基于SPOC+跨文化交际课程教学模式探究[J].福建技术师范学院学报，2021，39（4）：424-429.

[54] 陈军军.如何在外语教学中培养学生跨文化交际能力[J].商业文化，2021（2）：44-45.

[55] 曲晓慧.大学英语教学中的中国文化融入研究[J].边疆经济与文化，2021（8）：95-97.

[56] 陈思琪. 基于"第三空间"理论的外语专业学生文化自信培育研究 [J]. 海外英语，2021（15）：44-45.

[57] 程亚丽. 美国《21世纪外语学习标准》视域下的农业高校英语教学模式探索 [J]. 高教学刊，2021，7（21）：15-18.

[58] 赵传银，黄敏. 外语教学中文化教学与文化测试的融合度研究 [J]. 洛阳师范学院学报，2021，40（7）：77-79，85.

[59] 韩小霞. 小议戏剧教学法在高中英语课堂的应用 [J]. 海外英语，2021（14）：196-197+206.

[60] 杨婷婷，高坤. 沉浸式教学在本科高校双语课程实践中的探究与运用 [J]. 中外企业文化，2021（7）：189-190.

[61] 平静. 文化语境下的外语教学创新实践：评《文化语境下的外语教学研究》[J]. 科技管理研究，2021，41（14）：224.

[62] 陈法春. 胸怀至道而播中国音 [J]. 中国翻译，2021，42（4）：68-71.

[63] 吕丽盼，俞理明. 双向文化教学：论外语教学跨文化交际能力培养 [J]. 中国外语，2021，18（4）：62-67.

[64] 黄琳. 外语教学中跨文化交际能力培养分析 [J]. 江西电力职业技术学院学报，2021，34（6）：32-33.

[65] 王光露. 从跨文化交际角度谈"文化休克"之于二语习得的利弊及其对外语教学的启示 [J]. 英语广场，2021（18）：58-60.

[66] 李琎. 近十年来国内高校外语教育跨文化能力培养研究综述 [J]. 广西民族师范学院学报，2021，38（3）：94-100.

[67] 席娜. 思辨能力导向下多元化的课程模式构建 [J]. 天津电大学报，2021，25（2）：40-45.

[68] 张鹏. 国际跨文化外语教学研究的文献计量分析与启示（2001—2020）[J]. 外语电化教学，2021（3）：30-36，5.

[69] 王济军，王丽丽，尹盼盼. 外语类虚拟仿真实验教学项目的设计与实践研究：以日语跨文化交际虚拟仿真项目为例 [J]. 外语电化教学，2021（3）：

57-62, 9.

[70] 王俊.外语教材数字化路径与思考 [J].中国出版, 2021（12）: 47-49.

[71] 矫秀丽.文化自信视角下红色文化融入大学外语课程教学研究 [J].黑龙江
教师发展学院学报, 2021, 40（6）: 131-133.

[72] 白雪晴.目标语言文化与外语语言教学动态交互分析 [J].辽宁科技学院学
报, 2021, 23（3）: 47-49.

[73] 肖淑云.回顾与思考:外语教学中的中国文化教学二十年 [J].菏泽学院学报,
2021, 43（3）: 57-61.

[74] 余莉.依托红色文化翻译的"课程思政"教学模式研究 [J].甘肃广播电视
大学学报, 2021, 31（3）: 60-64.

[75] 裴希山.中华文化融入外语教学研究的进展与趋势:基于 CiteSpace 的可
视化分析 [J].山东外语教学, 2021, 42（3）: 63-75.

[76] 赵翔.基于 CiteSpace 的国际跨文化能力研究可视化分析 [J].攀枝花学院学
报, 2021, 38（3）: 80-85.

[77] 李光,胡寅寅.新时代高校外语教育中教师文化自觉的现状、诉求及应对 [J].
继续教育研究, 2021（6）: 59-64.

[78] 程水英,刘英华,任昕.国际化视野下外语专业学生的中国传统文化教育
研究 [J].决策探索（下）, 2021（5）: 63-64.

[79] 潘轶君,李鑫."讲好中国故事"视角下英语演讲课程培养跨文化能力的
教学路径研究 [J].华北理工大学学报（社会科学版）, 2021, 21（3）:
102-108.

[80] 贺利利.跨文化交际中的时间观差异与外语教学 [J].集宁师范学院学报,
2021, 43（3）: 29-32, 37.

[81] 唐彬.高校外语教学中中华传统文化的融入路径 [J].山西财经大学学报,
2022, 44（S1）: 196-198.

[82] 赵桂英.跨文化非言语交际中的文化认同:外语教学面临的挑战 [J].海外
英语, 2022（8）: 217-218.